Exquisit Sachbuch

Von der gleichen Autorin erschienen außerdem als Heyne-Taschenbücher:

Xaviera – Die Frau mit Vergangenheit · Band E 121
Xavieras Supersex · Band E 136
Xavieras fantastischer Sex · Band E 162

Xaviera Hollander

Meine erotischen Leckerbissen

Xavieras geheime Rezepte

Deutsche Erstveröffentlichung

Wilhelm Heyne Verlag
München

EXQUISIT SACHBUCH
im Wilhelm Heyne Verlag, München
Nr. 182

Titel der französischen Originalausgabe
LES RECETTES PRIVEES DE XAVIERA
Deutsche Übersetzung von Gabriele Schatz

Printed in Germany 1979
Umschlagfoto: Editions J.-C. Lattés, Paris
Umschlaggestaltung: Atelier Heinrichs, München
Gesamtherstellung: Presse-Druck Augsburg
ISBN 3-453-50150-0

VORWORT

Sie werden sich vielleicht wundern, wenn Sie dieses Buch in der Hand halten, daß Xaviera sich von den Freuden des Sex abgewandt und den scheinbar viel prosaischeren der Küche zugewandt hat. Aber täuschen Sie sich nicht, ich habe mein Spezialgebiet noch nicht verlassen. Ganz im Gegenteil, ich habe Ihnen ein ›schmackhaftes‹ Buch zugedacht, das Ihnen beweisen wird, daß die Freuden des Fleisches in einem tieferen Zusammenhang mit denen einer erlesenen Küche stehen. Es wird Zeit, unseren armen Geschmackspapillen – von Legionen Hamburgern, hormongefütterten Hähnchen und Tiefkühl-Pommes-frites malträtiert – die Bedeutung zurückzugeben, die sie niemals hätten verlieren dürfen: die einer – sehr oft vernachlässigten – erogenen Zone. Unsere lieben Großmütter hatten nicht ganz unrecht mit dem Ausspruch: Die Liebe geht durch den Magen. Ein exquisites Souper in einer Atmosphäre, die die Sinne anregt, kann so wirkungsvoll sein wie eine Konsultation von Masters und Johnson. Erotische Anziehungskraft hat ihren Ausgangspunkt zwar hauptsächlich in unseren Köpfen, aber die Wege der Freude sind nicht zu zählen. Also warum nicht diesen hier einschlagen?

Folgen Sie mir in meine kleine nächtliche Küche. Sie werden das Dessert immer wieder haben wollen.

Folgen Sie meinen Pfaden . . .

Liebesgrüße an den Meister!

Alles hat an einem Morgen begonnen. Sehr früh an einem Morgen, um genau zu sein. Es war drei Uhr, und ich schlürfte meinen zehnten Orangensaft, wobei ich es mir auf einer Reihe von rosa Seidenkissen wollüstig bequem machte, als ich den Mann kennenlernte, den ich Marcel Dantremet nennen werde.

Ich war in Beverly Hills, in der Luxus-Behausung eines fantastischen Schauspielers, der für seinen Körperbau so berühmt war wie für sein Talent, und trotz der späten, d. h. frühen Stunde waren noch zahlreiche Gäste da. Mein augenblicklicher Verehrer, der hinreißende Warren, war seit einigen Minuten verschwunden, und ich nützte das aus, um meine Blicke über die bizarre Menge schweifen zu lassen, die diese typische Hollywood-Szene bevölkerte. Einige Nymphchen tummelten sich in dem bläulichen Oval des Swimming-pools, um sie herum braungebrannte junge Leute. Hawaiihemden neben korrekten Anzügen, Ströme von Diamanten neben indischen Schmuckstücken. Da und dort ein berühmtes Gesicht, eine gealterte Schauspielerin, ein erfolgreicher Produzent.

So weit war ich mit meiner Inspektionsrunde, als ich ein erstaunliches Schauspiel bemerkte.

Rechts vom Swimming-pool führten einige Stufen zu einer zweiten Terrasse des Gartens. Auf dem Rasen erhob sich ein Zelt aus weißer Seide, und unter diesem Zelt thronte ein seltsamer Pascha: mittelgroß, braune Augen, kastanienfarbenes Haar, die Nase lang und gebogen – er ähnelte einem Angestellten der städtischen Gaswerke. Auf den ersten Blick also keine Erscheinung, die zur Liebe inspiriert. Wie war es aber zu erklären, daß ein Dutzend der hübschesten Mädchen sich um ihn drängten, geradezu magisch angezogen wie die

Motten vom Licht? In schwarzer Hose und Tunika aß »der Sultan« genießerisch die Weinbeeren, die ein blondes Wesen mit bloßen Brüsten zwischen die Lippen nahm und ihm so darbot. Eine Braungelockte mit üppigen Formen massierte ihm sanft den Kopf, während die übrigen Haremsdamen ihm Brust, Hände und Füße streichelten.

Ich war beunruhigt. Sehr beunruhigt sogar. War er einer jener legendären Produzenten, an denen sämtliche Starletts klebten wie glänzende Schuppen? Dabei hatte ich angenommen, daß *die* Rasse am Aussterben war. Meine Überlegungen wurden durch Warrens Rückkehr unterbrochen.

»Aha«, meinte er, der Richtung meines Blickes folgend, »wenn es Marcel Dantremet schon gelingt, auf Distanz zu verführen, sollten sich sämtliche Don Juans von Hollywood in Zukunft der Kultivierung von Orangenhainen widmen.«

»Wer ist dieser Mann, Warren?« fragte ich, ohne auch nur zu versuchen, mein Interesse zu verbergen.

»Marcel Dantremet? Er ist einer der berühmtesten französischen Köche, lebt aber seit langem in den Vereinigten Staaten. Er hat die meisten der großen Restaurants hier im Lande geführt, aber seit drei oder vier Jahren läßt er die Töpfe und Pfannen stehen, um sich einer ebenso erhebenden Tätigkeit zu widmen: junge Mädchen zu verführen. Noch sympathischer, nicht wahr?«

»Hmm«, machte ich träumerisch.

Er schien sehr warmherzig zu sein, er hatte ein so charmantes Lächeln, und trotz des Harems, der ihn umgab, wirkte er ganz natürlich. Wirklich keinerlei Ähnlichkeit mit den bronzefarbenen Hollywood-Verführern.

»Und wie macht er das?« wollte ich wissen. »Hat er einen besonderen Trick?«

»Hast du es noch nicht erraten? Er kocht für sie, ganz

einfach. Er kennt ein paar Rezepte, die sich äußerst anregend auf die weibliche Libido auswirken. Außerdem ist er ein charmanter Mann, der weiß, wie man mit Frauen umgeht. Sie sind alle ganz verrückt nach ihm.«

»Warren«, erklärte ich, »ich will ihn kennenlernen. Mach uns miteinander bekannt.«

»Wie Sie wünschen, Prinzessin!« Er erhob sich seufzend. »Dieser Typ hat offensichtlich alle Chancen.«

Marcel Dantremet war wirklich ein charmanter Mann. Er war sichtlich entzückt, die Bekanntschaft der berühmten Xaviera zu machen, und lud uns ein, neben ihm Platz zu nehmen. Wir plauderten fröhlich und schwelgten in Erinnerungen an Paris, jene Stadt, die er so liebte und vor langen Jahren verlassen hatte. Die Unterhaltung glitt dann ganz natürlich in die Gefilde der Liebe, und Marcel, der meine Bücher gelesen hatte, meinte mit einem listigen Blick:

»Wenn Sie eine Abendeinladung zum Diner bei mir annehmen, könnte ich Ihnen vielleicht neue Horizonte eröffnen, Sie zu neuen Ufern führen.«

So, wie seine Augen auf meinem Körper lagen, zweifelte ich nicht an der Ernsthaftigkeit seines Vorschlages. Wir brachen in Gelächter aus, und er fügte hinzu:

»Ich spreche von kulinarischen Horizonten und Ufern, selbstverständlich.«

»Selbstverständlich.«

Wir verabredeten uns für den nächsten Tag. Ich hatte wirklich Lust, mich mit allen Raffinessen von diesem Mann verführen zu lassen, der bestimmt die Vierzig schon überschritten hatte und das Leben in vollen Zügen zu genießen schien. Wir plauderten noch bis zur Morgendämmerung und trennten uns nur mit Bedauern, als die Müdigkeit zu groß wurde. In dieser nur noch sehr kurzen Nacht träumte ich von Fettammern.

Der nächste Tag schien überhaupt nicht verstreichen zu wollen. Ich trat ungeduldig von einem Fuß auf den anderen und begann schon um sechs Uhr mit meinen Vorbereitungen in der Hoffnung, die zwei Stunden bis zu meinem Rendezvous würden dann schneller vergehen. Zuerst nahm ich ein ausgiebiges, angenehm warmes und parfümiertes Bad, dann cremte ich meinen ganzen Körper sorgfältig ein. Ich schlüpfte in schwarze Unterwäsche – schließlich stand Verführung auf dem Programm – und wählte ein langes, ebenfalls schwarzes Kleid, das nichts von meinen Formen verbarg. Meine blonden Haare fielen auf meine bloßen Schultern. Ich lächelte meinem Spiegelbild zu. Ich wußte nicht, was der Abend für mich bereit hielt, aber ich fühlte mich wohlig erregt von Kopf bis Fuß.

Wenn dieses Abenteuer enttäuschend enden sollte, brauchte ich mir jedenfalls nicht vorzuwerfen, nicht alles getan zu haben, dachte ich und verteilte einige Tropfen Parfüm an den strategisch richtigen Stellen. Aber ich zweifelte eigentlich auch nicht daran, daß die folgenden Stunden ewig in meinem Gedächtnis bleiben würden.

Das Taxi verließ die Bel Air Road, bog in die Saint Cloud und setzte mich vor einem immensen schmiedeeisernen Portal ab, das fast vollständig von einem Vorhang aus Grün überdeckt wurde. Ein schwerer, fast betäubender Duft drang in meine Nase. Ich stieß das Gitter auf, es gab ein sanftes Knirschen von sich – wie ein leiser Seufzer, der Vergnügen versprach –, und fragte mich, ob es auf Erden überhaupt eine Pflanze gab, die einen solch verhexenden Duft verströmte, oder ob mein Gastgeber seine Gewächse mit einer Mixtur besprühte, deren Rezept nur er kannte und die den Frauen die Köpfe verdrehte.

Ich ging den Weg entlang, der sich sanft abwärts neigte, und versuchte das Haus meines Gastgebers zu entdecken. Außer einer Kuppel aus Glas, die von einem vergoldeten Kreis umlagert wurde, konnte ich nichts entdecken, so dicht war der Pflanzenbestand. Und immer noch dieser Geruch, der mich regelrecht zu verfolgen und auf der Haut zu kleben schien. Ich ging an Palmen vorbei, an einem Jasmingebüsch – und blieb wie angewurzelt stehen. Ich war nicht mehr auf der Erde, sondern im Schlaraffenland. Vor mir erhob sich ein gigantischer Kuchen, der mir das Wasser im Mund zusammenlaufen ließ. Das Haus von Marcel Dantremet war kreisförmig und schien voller Stolz seine zwei Stockwerke aus hellrosa Mauern, die von goldfarbenen Motiven überlagert waren, zu präsentieren. Breite, ebenfalls goldfarbene Fenster in aufsteigender Linie unterbrachen die Fassade, und zwei – natürlich vergoldete – Friese liefen um das Gebäude, der eine unten, der andere genau unter der Kuppel, die dieses unglaubliche Bauwerk krönte. Ich wußte, daß man in Bel Air die verrücktesten, exzentrischsten Konstruktionen findet, aber diese hier überstieg einfach alles, was ich mir hatte vorstellen können. Ganz offensichtlich war mein Gastgeber ein äußerst ungewöhnlicher Mann.

Er erwartete mich auf der Stufe zu einer riesenhaften Gewölbetür. Der Eingang zur Höhle des Ali Baba, raunte eine Stimme in meinem Kopf. Marcel hatte die Arme ausgestreckt und lächelte über meine verdutzte Miene.

»Guten Abend, liebe Freundin«, sagte er mit seiner warmen Stimme, die einen leichten französischen Akzent hatte. Er war ganz in Schwarz gekleidet. Wir mußten uns wohl begegnen, dachte ich und beglückwünschte mich zur Wahl meines Kleides. Ich erriet, daß er eine ausgeprägte Neigung für die Farben der Hölle hatte.

Wir kamen in eine weitläufige Halle, deren Wände mit schwarzen und goldenen Tapeten bedeckt waren, was mir die Richtigkeit meiner Vermutung bestätigte, und gingen auf eine Art runden Patio zu, genau in der Mitte des Hauses. Ich entdeckte, daß dieser Patio sozusagen das Herz des Kuchens war, sämtliche Zimmer des Erdgeschosses öffneten sich in ihn. Von jeder Seite dieser Rotunde führten schneckenförmige Treppen zu einer Galerie mit den oberen Zimmern. Der Patio selbst war leicht vertieft in seiner Mitte, wie eine riesige Springbrunnenschale, und zwei kleine Stufen führten zu einem Berg von Kissen, der nur den einen Wunsch erweckte: sich daraufzuwerfen. Hier war alles rot, schwarz oder golden, und das Licht der untergehenden Sonne, das durch die Kuppel fiel, ließ die Seide und den Brokat schimmern. Eine perfekte Umgebung für einen außergewöhnlichen Abend, sagte ich mir und vermutete dabei, daß dies noch nicht das Ende aller Überraschungen sein würde. Ich begann den Erfolg meines Gastgebers bei den Frauen zu verstehen.

Marcel geleitete mich bis zur Mitte des Patio, und ich ließ mich nieder, Schwarz auf Rot, mitten hinein in den molligen Kissenberg.

»Ich bin Ihnen unendlich dankbar, daß Sie meine Einladung angenommen haben, Xaviera«, murmelte er. »Ich habe davon geträumt, Sie in diesem Haus zu sehen. Es ist für die Liebe gemacht. Es ist für uns gemacht.«

Ich hatte zwar den Verdacht, daß mein Gastgeber das nicht zum erstenmal sagte, dennoch entsprach es genau meinen Empfindungen. Trotz der riesenhaften Ausmessungen des Raumes fühlte ich mich unendlich wohl, wie in einen Kokon eingesponnen. Ich sagte mir, daß das Geheimnis in der Ausstattung liegen mußte, im Zusammenspiel der Farben, der Stoffe, der erotischen Zeichnungen, die die Wände schmückten, in den seltsamen Gegenständen auf den kleinen schwarzen Tischen, die zwischen den Wandbehängen standen, die im Erdgeschoß alle Türen ersetzten.

»Ich habe das hier alles entworfen«, erklärte Marcel, als ob er in meinen Gedanken gelesen hätte.

Wir plauderten einige Augenblicke über das Wetter und ähnliches, dann glitt die Unterhaltung in intimere Bereiche. Wir sprachen über unsere erotischen Erfahrungen, wobei jeder abwechselnd berichtete. Die Atmosphäre, die in diesem Raum herrschte, in Verbindung mit unserem Gesprächsthema, übte auf mich bald eine sensationelle Wirkung aus. Eine sehr vertraute Regung stieg in mir auf, und der Glanz in den Augen meines Gesprächspartners verriet mir, daß auch er der Magie des Augenblicks sich nicht entziehen konnte. Das kleine Spiel, das wir spielten, hatte nichts Unschuldiges.

»Was mich am meisten erstaunt, Xaviera«, bemerkte Marcel jetzt, »ist, daß Sie niemals daran gedacht haben, die Küche als Stimulans zu gebrauchen.«

»Doch, das habe ich schon«, erwiderte ich, »aber ich habe mich immer mehr auf anderes verlassen. Wobei ich bekennen muß, daß ich diese Art von Anregung kaum brauche.«

Er setzte ein rätselhaftes Lächeln auf. Ich dachte an die »neuen Ufer« und wurde nur noch erregter.

»Oh! Ich vernachlässige aber wirklich meine sämtlichen Pflichten. Noch nicht einmal eine Erfrischung habe ich Ihnen angeboten. Sie trinken keinen Alkohol, glaube ich.«

»Nein, aber ich will bei Ihnen gern eine Ausnahme machen.«

»Um so besser, ich habe etwas ganz Besonderes vorbereitet.«

Marcel erhob sich, verschwand einige Augenblicke und kam mit einem Tablett zurück, auf dem zwei große

Kristallgläser standen, die mit einer roséfarbenen Flüssigkeit gefüllt waren. Er setzte sich wieder dicht neben mich und hielt mir ein Glas hin.

»Was ist das?« fragte ich.

»Trinken Sie, Sie werden es später erfahren.«

Ich gehorchte. Es schmeckte köstlich. Frisch, spritzig, einfach göttlich. Ich glaubte eine Spur Champagner herauszuschmecken, hütete mich aber, weiter zu forschen. Außerdem begann mich eine glückselige Betäubung zu durchdringen. Meine sämtlichen Sinne schienen auf der Oberfläche der Haut zu liegen.

Marcel betrachtete mich auf sehr eigenartige Weise, und ich glaubte, ich würde schmelzen. Er sprach immer noch, erzählte von seinem Leben in Paris, reihte die berühmtesten Namen der französischen Küche aneinander.

Ich hörte nur mit halbem Ohr zu. Ich war dabei zu begreifen, was an diesem Mann so verführerisch war, was mich an diesem Abend hierhergelockt hatte. Mein Gastgeber war auf seine Weise ein Magiker. Ein Magiker des Augenblicks, der Liebe. Was konnte es Faszinierenderes für eine Frau geben als die Fähigkeit eines Mannes, ihr Verlangen zu wecken. Es nicht nur aufzustacheln, das gelingt sozusagen jedem männlichen Wesen, sondern es in sämtlichen Nuancen zu erschaffen. Und um einen Augenblick in dieser Traumwelt zu leben, in der das rationale Wort nichts mehr ausdrückt, kamen die Frauen zu ihm. Um erstaunt zu sein, überrascht, entzückt und hingerissen. Genau das geschah mir im Moment.

Marcel reichte mir die Hand und führte mich durch einen der Wandbehänge in den Raum, der als Eßzimmer diente. Die Berührung seiner Finger auf meiner Haut jagte eine Reihe kleiner elektrischer Stromstöße bis in mein Gehirn. Meine Füße schienen über dem Boden zu schweben.

Das Zimmer war von Kerzen erleuchtet, die in wunderbaren alten Leuchtern steckten. Über dem Schwarz des Tisches eine weiße Decke, daneben das Gold der Seidentapeten, das Rot der Stühle, des Rosenstraußes, der den Tisch schmückte, und der Teller, die dort standen. Ich blieb stehen und war überwältigt, von diesem Mann, von der Umgebung, von dem Festessen, und ich überließ mich völlig dieser köstlichen Empfindung. Ich äußerte meine Bewunderung über die ungewöhnliche Farbe der Teller, und Marcel erklärte mir, daß es sich um ein Porzellangeschirr handelte, das aus China stammte und das ein eifriger Diener unter Lebensgefahr bei der Plünderung eines Sommerpalastes gerettet hatte. Mein Gastgeber hatte kein Mittel unversucht gelassen, um es sich zu beschaffen. Ich hatte noch nie etwas so Schönes gesehen.

Er führte mich zu meinem Stuhl, setzte sich dann mir gegenüber und entschuldigte sich, daß er selbst servieren werde. An solchen Abenden gab er seinen Angestellten frei. Ich hatte absolut nichts dagegen.

Ich spürte immer noch den ungewöhnlichen Geschmack des Cocktails auf der Zunge, den Marcel mir angeboten hatte. Aber die feinschmeckerischen Überraschungen waren damit noch nicht zu Ende. Wir begannen mit Spargel, der auf erlesenste Art und Weise zubereitet war. Wir plauderten immer noch miteinander, aber die Atmosphäre wurde schwerer, Marcels Blicke intensiver. Dann gab es geschmortes Wildschwein, dessen Geschmack mein Gaumen bis heute bewahrt hat, und schließlich ein Ingwer-Soufflé. Ich aß genießerisch Löffel für Löffel.

Nach diesem köstlichen Mahl kehrten wir zu dem Kissenmeer in der Mitte des Patio zurück. Meine Empfindungen hatten sich inzwischen fast unerträglich gesteigert, aber ich beschloß, Marcel die Initiative zu überlassen. Als perfekter Gastgeber würde er sich um die Bedürfnisse seines Gastes kümmern. Um sämtliche Bedürfnisse!

Wir saßen einer neben dem anderen, aber wir berührten uns nicht. Sanfte Musik erklang von irgendwoher. Die Kuppel öffnete sich, und die warme Luft der kalifornischen Nacht drang herein.

Ich fühlte mich wie auf einer Wolke. Und ich hatte das Gefühl, daß die Augen von Marcel, die von meinem Hals zu meinen Schultern glitten, von meinen Brüsten zu meinen Hüften, mich streichelten, mich liebten. Ich brauchte nicht einmal mehr den Kontakt mit seiner Haut, und doch wußte ich, wenn es geschehen würde, würde ich etwas Außergewöhnliches, völlig Unbekanntes erleben.

Seine Hand bemächtigte sich der meinen, sein Mund preßte sich auf meine Lippen, und ein rauhes Stöhnen drang tief aus meiner Kehle. Mein Schoß zuckte wie ein verrückt gewordener Herzschlag. Marcels Zunge rollte sich um meine. Ich preßte meine Beine gegeneinander und hatte einen ersten heftigen, völlig unerwarteten Orgasmus. Weit davon entfernt, ruhiger zu werden, machte mich dieser Genuß vollends verrückt.

Marcel entfernte sich etwas von mir. Weder er noch ich hatten es eilig. Wir wußten, daß die Nacht lang sein würde.

Ein tapferer kleiner Soldat erhob seinen Kopf vom Schoß von Marcel. Diese »militärische Vision« erregte mich nur noch mehr, was mich erstaunte. Ich hatte geglaubt, den höchsten Punkt des Verlangens schon erreicht zu haben.

Ich stand abrupt auf, öffnete den Reißverschluß meines Kleides und ließ es zu Boden gleiten. Ich stand da in schwarzem Slip und BH und ließ mich einige Augenblicke bewundern. Marcel zog mich an sich und grub seinen Kopf gegen meinen Schoß. Dann zog er mich wieder auf die Kissen herab. Seine Zunge begann ihre

Entdeckungsreise. Die Kunst des Cunnilingus barg keine Geheimnisse für ihn. Im Geiste überreichte ich ihm die Goldene Palme, bevor die Ekstase mich überrollte.

Ich war jetzt in einem Zustand unaufhörlichen Orgasmus. Und ich wollte meinen Liebhaber nackt sehen. Ich entkleidete ihn mit fliegenden Fingern. Sein Glied kam hervor, groß, zum Bersten prall. Es war einfach prächtig und ließ sich widerspruchslos verschlingen. Die Augenlider geschlossen, seufzte Marcel leise. Sein Mund suchte wieder meine Klitoris. Wir blieben lange so und genossen die Wogen der Lust, die uns durchliefen. Plötzlich spannte sich Marcels Körper. Sein Glied entlud sich, Marcel schrie laut.

Er hatte die Augen immer noch geschlossen. Ein glückliches Lächeln lag um seinen Mund. Ich merkte, daß trotz seiner heftigen Entladung sein Glied immer noch steif war. Im Geiste sandte ich Aphrodite einen innigen Kuß, und als Marcel in mich eindrang, schwor ich, mich ihrem Kult bis ans Ende meiner Tage zu widmen. Der Penis von Marcel kam und ging in mir, unermüdlich. Ein wirklich tapferer kleiner Soldat ... Nein, ein Feldherr, ein ruhmreicher General! Meine Hüften hoben und senkten sich im Rhythmus der Parade. Wir rollten auf unserem Bett, wechselten die Position ganz nach unserer Phantasie. Die rote Seide war jetzt feucht.

Ich hatte das Gefühl, wir liebten uns seit Stunden, als Marcel sich wieder versteifte, mich auf Hände und Knie vor sich plazierte, sich an meinen Hinterbacken festklammerte und mich mit aller Wildheit nahm.

Wir sanken erschöpft gegeneinander. Nach und nach beruhigte sich unser Atem. Ich drehte mich zu Marcel um, um ihn zu küssen, und mein Blick fiel auf sein Glied. Es war stolz aufgerichtet – und hatte keinen Moment aufgehört, es zu sein.

»Oh! Was für ein Wunder!« rief ich und schwor mir, am nächsten Morgen das erste Flugzeug nach Griechenland zu nehmen, um Aphrodite den Blumenstrauß zu Füßen zu legen, den ich ihr ja wohl schuldete.

Marcel brach in Gelächter aus. Als ich mich anschickte, seinem Penis die Ehren zu erweisen, die ihm gebührten, erhob sich Marcel, holte zwei Gläser, die mit einer roten Flüssigkeit gefüllt waren, und sagte zu mir:

»Trink. Du wirst sehen, es wird noch besser danach.«

Ich glaubte ihm aufs Wort. Marcel trank sein Glas halb aus und goß den Rest über meinen Körper. Die kalte Flüssigkeit ließ mich frösteln, aber als mein Liebhaber begann, den aphrodisischen Wein von meiner Haut zu trinken, vergaß ich alles. Außer unseren zwei Körpern war nichts mehr von Bedeutung.

Die Nacht verging in einem rot-schwarzen Delirium. Wenn die Erschöpfung zu stark wurde, schliefen wir für ein paar Augenblicke ein. Marcels kleiner Soldat weckte uns – unerschütterlich.

Bei Morgengrauen waren wir sozusagen nur noch ein Schatten unserer selbst. Aber ich schwamm auf einem Ozean von Glück. Noch nie hatte ich die Liebe mit so viel Leidenschaft erlebt. Ich schlief ein, den Mund auf Marcels Glied.

Als ich die Augen öffnete, stand die Sonne schon hoch am Himmel. Etwas Hartes, das verdächtig einem erigierten Glied ähnelte, preßte sich gegen meine Lippen.

»Hoch lebe die aphrodisische Küche!« rief ich fröhlich, bevor ich nach dem Speer meines Liebhabers schnappte.

Marcel verstand von der Liebe so viel wie von der Küche, den Beweis hatte ich vor Augen. Er nahm mich sehr sanft, und wir genossen im Gleichklang.

Ich spürte keinerlei Müdigkeit mehr. Ich hatte das Gefühl, fünfzehn Stunden geschlafen zu haben, und war hingerissen über die Nacht, die ich erlebt hatte. Marcel lachte wie ein begeistertes Kind, dem ein Streich gelungen ist.

»Also, Xaviera«, gluckste er, »was hältst du von meinen neuen Ufern?«

»Hmmm«, machte ich und streckte mich wie eine Katze.

Wir duschten gemeinsam und frühstückten dann ausgiebig.

»Marcel«, sagte ich, indem ich meine Zähne in ein Törtchen grub, »ich bin überzeugt. Du bist phänomenal!«

»Danke«, meinte er, bescheiden den Kopf schüttelnd. »Wenn ich mir vorstelle, daß es Typen gibt, die ihre Nächte damit verbringen, Tränen zu vergießen, weil sie nicht wie Robert Redford aussehen! Sag mir, Xaviera, nachdem du jetzt in das Geheimnis der Götter eingeweiht bist, wirst du doch hoffentlich der Küche den Platz zuerkennen, den sie verdient. Man kann sich keine bessere Botschafterin der Liebe vorstellen.«

»Du kannst dich auf mich verlassen. Ab sofort gehöre ich dem Dantremet-Fanclub an!«

Ich sah Marcel noch oft während dieses kalifornischen Sommers. Ich entdeckte, daß sich seine Fähigkeiten nicht auf das klassische Tête-à-tête beschränkten. Dieses Arrangement war nur grundsätzlich als Einführung gedacht. Marcel organisierte oft Abende, an denen seine sämtlichen Fans teilnahmen. Diese Zusammenkünfte waren ausschließlich den Freuden der Küche und der Liebe vorbehalten. Ich begriff eines Abends auch die tiefere Bedeutung dieser Springbrunnenschale: Wenn die Kissen entfernt waren, konnte sie sich füllen – mit Milch, mit Honig, mit jeder Flüssigkeit – und bildete so ein ideales Schwimmbecken, in dem man sich zugleich lieben und eine Stärkung zu sich nehmen konnte.

Dank Marcel Dantremet habe ich meiner schon recht langen Liste neue Vergnügen hinzugefügt, an denen ich Sie teilnehmen lassen möchte. Seine Ratschläge, seine Geheimnisse, die er mir enthüllt hat, ermöglichen es mir, Ihnen herrlich lange schlaflose Nächte zu versprechen. Ich bin überzeugt, daß Sie den besten Gebrauch davon machen werden.

Guten Appetit!

Horsd'oeuvres
Liebe auf dem Kanapee

Vom Tisch ins Bett

Zu allen Zeiten bestand ein Zusammenhang zwischen der Ernährung und den Freuden des Fleisches. Die alten Römer aßen im Liegen, und wenn ihre Rechte damit beschäftigt war, eine Löwenkeule zum Mund zu führen, verirrte sich ihre Linke oft genug auf eine Brust oder einen Schenkel. Ganz zu schweigen von den alten Griechen und Chinesen, die als allererste begriffen hatten, daß es kein bloßer Zufall ist, wenn der Mund zum Küssen *und* zum Essen da ist. Casanova, Madame Dubarry, alle großen Verführer und Verführerinnen wußten um die Auswirkungen einer guten Küche auf das sexuelle Verhalten. Die Reihe geht bis zu den jungen Langhaarigen Kaliforniens, die Haschisch-Kuchen zubereiten, den sie essen, bevor sie sich lieben.

Die sexuelle Funktion der Nahrung muß nicht bewiesen werden. Es genügt der Anblick von Frauen, die sich mit Süßigkeiten oder Sandwiches vollstopfen, um ihre Frustration zu kompensieren. Und sagt man nicht oft genug, wenn man einem Mann beim Essen zuschaut, man könne sich jetzt eine annähernd gute Vorstellung von seiner Sinnlichkeit und seiner Art zu lieben machen? Aber täuschen Sie sich nicht. Die aphrodisische Küche ist kein Wunder- oder Allheilmittel. Sie kann einen wichtigen Bestandteil der Liebe bilden, aber sie kann in keinem Fall eine Anziehung oder Bereitschaft ersetzen, die nicht vorhanden ist.

Natürlich gibt es Nahrungsmittel und Gewürze, die die Liebesfähigkeit positiv beeinflussen, aber die aphrodisische Küche ist vor allem ein erotisches Spiel, das ebensosehr von der Atmosphäre wie vom Zusammenklang ihrer Ingredienzien abhängt. Auf diesem wie auf so vielen anderen Gebieten ist der Glaube entscheidend.

Entscheidend ist, das Spiel konsequent zu spielen.

Dieses fantastische erotische Instrument bietet zahlreiche Vorteile und unendliche Anwendungsmöglichkeiten. Nichts zwingt Sie zu einem formellen Tête-à-tête wie jenem, zu dem ich von Marcel Dantremet eingeladen war. Diese Art der »Zerstreuung« können Sie für den Mann oder die Frau Ihres Lebens reservieren. Wenn Sie trotz allem ein klassisches Diner veranstalten wollen, geizen Sie nicht mit Details. Stellen Sie eine wirkliche Tafel auf, holen Sie das Silber heraus, haben Sie keine Angst vor Kerzen, vor sanfter Musik, vor kostbarem Geschirr. Meine Damen, jetzt ist der richtige Moment, Ihren Schmuck anzulegen, Ihre seitlich geschlitzten Roben, Ihre schwarzen Strümpfe und Ihre Schuhe mit den höchsten Absätzen zu tragen. Die weibliche Wäsche ist in unseren Tagen wieder voll zur Erotik zurückgekehrt, zögern Sie also nicht, Ihren Gast durch den Anblick von Strumpfhaltern und seidener Unterwäsche zu verführen. Meine Herren, beweisen Sie etwas Phantasie bei der Wahl Ihrer Kleidung, geben Sie sich eine zugleich verführerische und lässige Erscheinung. Machen Sie aus dem gemeinsamen Mahl ein Äquivalent zum sonstigen erotischen Vorspiel. Und vor allen Dingen übereilen Sie nichts.

Ganz nach Wunsch können Sie auch Ihrem Tête-à-tête einen Hauch Exotisches verleihen. Kochen Sie beispielsweise chinesisch und essen Sie von einem Holztisch dicht über dem Boden, in Kimonos gekleidet und Sake trinkend. Meine Damen, die Sie immer davon geträumt haben, den Tanz der sieben Schleier aufzuführen, kleiden Sie sich als schöne Orientalin und offerieren Sie Ihrem Gast ein Mahl, das Tausendundeiner Nacht würdig wäre.

Wenn Sie es etwas entspannter lieben oder Gruppensex vorziehen, werden Sie Ihren Abend anders gestalten: Bereiten Sie beispielsweise ein Buffet vor, wo jeder sich seine speziellen Gewürze selbst einverleiben kann. Und – wenn die Dimensionen Ihres Appartements es zulassen – warum nicht eine wahre altrömische Orgie?

Und damit sind wir beim ersten Aspekt der aphrodisischen Küche. Ihr Konzept beinhaltet in der Tat nicht nur das, was man ißt, sondern die Art und Weise, wie man ißt. Sie können also »klassisch« bleiben und Ihr Essen am Tisch einnehmen – in welcher Form auch immer –, oder Sie können ein Spiel daraus machen. Ein Nackt-Diner beispielsweise oder eines in Ihrem Bett, indem Sie Ihren Partner füttern oder seinen Körper zum Teller umfunktionieren, von dem sich Ihre Zunge bedient. Es ist alles eine Frage der Imagination. Lassen Sie also Ihrer Phantasie die Zügel schießen.

Noch einmal und auf die Gefahr hin, mich zu wiederholen:

Hauptsache, Sie haben den oder die richtigen Partner. Magie kann nicht nur durch perfekten Dekor oder exquisite Speisen hervorgerufen werden. Was mit der einen Person möglich ist, kann mit einer anderen scheitern, wenn keine gegenseitige Anziehungskraft besteht.

Und jetzt an die Kochtöpfe!

Schwarze Perlen

Alexander der Große schwärmte für ihn, Madame Dubarry betete ihn geradezu an, Casanova trieb regelrechten Mißbrauch mit ihm. Zu allen Zeiten ist Kaviar eine der geschätztesten aphrodisischen Speisen gewesen, sowohl aufgrund seines delikaten Geschmacks als auch wegen seiner anregenden Wirkung. Einer meiner Liebhaber, der wilde Rezah, liebte es, einige Körner in meinen Nabel zu schütten, die er dann sanft wieder herauspickte, bevor er mich nahm.

Ob Beluga, Ostrea oder Sevruga, der Kaviar bleibt der König der Liebe. Die beste Art, ihn zu essen, ist zugleich die einfachste: direkt mit dem Löffel in den Mund oder auf dünnem, gebuttertem Toast, mit einer Spur Pfeffer und einigen Tropfen Zitrone; als Getränk Wodka, Aquavit oder Champagner.

Wenn Sie es sich aber leisten können, den Kaviar mit der Suppenkelle zu essen, soll Sie nichts daran hindern, ihn à la Truman Capote zu verspeisen, der, so heißt es, eine warme Kartoffel mit eisgekühltem Kaviar füllt. Kaviar in eine Scheibe Räucherlachs gerollt, ist ebenfalls ein Festessen. Oder versuchen Sie es mit den kleinen Kaviar-Croutons:

Schneiden Sie acht bis zehn Scheiben Weißbrot – Durchmesser vier Zentimeter, Dicke zwei Zentimeter –, wölben Sie sie in der Mitte so, daß ein Teelöffel Kaviar dort Platz hat.

Mischen Sie 50 Gramm Kaviar mit einer kleinen Zwiebel, dem Saft einer halben Zitrone und einer Prise Cayennepfeffer.

Rösten Sie die Croutons dann in Butter, bis sie goldgelb sind, lassen sie auf einer Papierserviette abkühlen, die das Fett aufsaugt. Wenn sie kalt sind, die Croutons mit Kaviar füllen und mit Petersilie garnieren.

Wie auch immer Sie die Perlen des Kaspischen Meeres verzehren wollen, vergessen Sie nicht, daß sie – durch Geschmack, Aussehen und Legende – eine sinnliche, um nicht zu sagen sexuelle Speise sind und daß ihr Platz so nahe wie möglich dem Schlafzimmer sein sollte. Ich rate Ihnen nicht – aus naheliegenden Gründen –, stets eine Dose neben Ihrem Bett zu haben, aber ich bin der Meinung, daß eine gelegentliche Kaviar-Soiree sehr nützlich ist, um ein wenig schwankende Leidenschaften zu festigen. Was den berühmten Silberlöffel betrifft – mit ihm sollte nur dargereicht, nicht gegessen werden. Mein Freund Rezah wußte das sehr wohl und war jederzeit bereit zu bestätigen, daß man Kaviar niemals besser ißt als vom Körper einer schönen Frau.

Weiße Perlen

Die Auster, die ihr Geschlecht wechselt, um sich fortzupflanzen, ist schon fast ein Synonym für Aphrodisiakum geworden. Alle Welt ist sich einig, was ihre stimulierenden Wirkungen betrifft, sogar die skeptischsten Mediziner. Ob Marennes- oder Portugal-Austern – diese kleinen Muscheln und der Phosphor, den sie enthalten, werden Ihnen lange Stunden voller Sinnlichkeit bescheren.

Wie schon beim Kaviar, ist auch hier die beste Methode, sie zu verzehren, die einfachste: nur mit ein wenig Pfeffer und gebuttertem Brot. Es gibt Leute, die behaupten, ein wenig Zitrone oder Essig zuzufügen, bedeute die größte kulinarische Ketzerei. Ich glaube aber, daß alles Geschmackssache ist und daß nichts Sie daran hindern sollte, mit einem von beiden zu würzen.

Die rohe Auster besitzt meiner Meinung nach einen wesentlichen Vorzug gegenüber der nicht rohen. Und wirklich, die Muschel zum Mund zu führen und sie vorsichtig auszusaugen, ist schon eine Einladung zur Liebe, fast ein sexueller Akt. Rohe Austern zu essen und dabei seinem Partner in die Augen zu schauen, kann das köstlichste aller Vorspiele bilden.

Zum Glück für ihre Anhänger bewahrt die gegarte Auster ihre Eigenschaften. Gegrillt oder gratiniert, sie bleibt die Verbündete der Liebenden. Wenn Sie ein Anhänger der warmen Auster sind, versuchen Sie es einmal mit diesem Rezept:

Für zwei Personen

2 Dutzend Austern
2 Schalotten
1 Knoblauchzehe
1 Eigelb
1 nußgroßes Stück Butter
4 EL Crème fraîche
Zitrone
Curry
Cayennepfeffer
Vermouth dry

Die Austern öffnen und den Saft zurückbehalten. Ebenso die tiefere Halbschale jeder Auster aufbewahren. Die Austern in ihrem Saft kochen, bis sie zusammenschrumpfen. Den Saft abtropfen lassen und aufbewahren. Einkochen lassen, Knoblauch, Schalotten und Butter zufügen. In einen kleinen Topf umfüllen und Crème fraîche, einen Teelöffel Curry, eine Prise Cayennepfeffer und einen Eßlöffel Vermouth zufügen. Einige Augenblicke bei milder Hitze sieden lassen, dabei umrühren. Das Eigelb, dem Sie einige Tropfen Zitronensaft zugesetzt haben, schlagen und zu der Sauce geben. Noch einige Augenblicke einkochen lassen.

Eine Auster in jede Schale legen. Mit der Sauce überziehen und noch kurz unter den Grill stellen.

Aphrodites Brüste

Die Phallus-Form des Spargels hat ganz sicher entscheidend zum Ruhm dieses Gemüses beigetragen. Abgesehen von seinem Aussehen besitzt der Spargel echt stimulierende und kraftspendende Eigenschaften; daher das Interesse, das ihm die Anhänger der erotischen Küche entgegenbringen. Spargel darf, damit sein Genuß nicht beeinträchtigt wird, nicht länger als zehn Minuten kochen; serviert kann er auf vielerlei Art werden: mit einer einfachen Vinaigrette, der Petersilie beigefügt wurde, als Salat – oder à la Xaviera, was wohl die amüsanteste Methode ist:

Für zwei Personen

1 kg Spargel
2 Trüffel
Öl
Zitrone
Muskatnuß

Nach dem Schälen Spargel und Trüffeln kochen lassen. Die Trüffeln in feine Scheibchen schneiden.

Die Spargel zerstampfen oder in den Mixer geben, so daß eine homogene Masse entsteht. Mit Öl, Zitrone und einer Prise Muskatnuß abschmecken. Das Püree in zwei mittelgroßen Schalen abkühlen lassen. Dann so auf eine Platte stürzen, daß zwei gleichmäßige Halbkugeln entstehen, und mit den Trüffelscheibchen umlegen. In die Mitte der Kugeln die zwei Spargelköpfe setzen. Der bloße Anblick dieser Platte dürfte genügen, um Ihren Partner anzuregen, und wird ihm die Gelegenheit geben, Brüste auf unvermutete Art und Weise in Angriff zu nehmen.

Herz an Herz

Auch die Artischocke ist eine sehr »sinnliche« Pflanze. Katharina von Medici, die ihren Liebhabern Nieren und Artischocken vorzusetzen pflegte, war davon jedenfalls restlos überzeugt. Auch Mediziner bestätigen, daß dieses Gemüse, ebenso wie Spargel und Sellerie, ein sexuelles Stimulans ist, denn die Säuren, die es enthält, werden von den Nieren getrennt ausgeschieden und reizen dabei die uro-genitalen Verbindungswege. Die Artischocke hat auch etwas sehr Gefühlvolles an sich: Man kann sie zu zweit essen – ein Blatt für mich, ein Blatt für dich – oder zu mehreren, sie ganz essen oder sich mit dem Herzen zufriedengeben. Sie ist ein idealer Beginn, besonders in Verbindung mit Schalentieren, reich an Phosphor und von ausgleichender Wirkung für das Nervensystem.

Für zwei Personen

2 frische Artischocken
150 g Krabben, gekocht
4 Garnelen, gekocht
Zitrone
Petersilie
Estragon
Kerbel
Piment
Lattich
Mayonnaise
Salz, Pfeffer

Blätter und Heu von den Artischocken entfernen und die Böden mit Zitrone beträufeln. In reichlich Salzwasser eine Viertelstunde kochen lassen, vorher noch Zitronensaft zugeben. Dann abgießen, die Böden unter kaltem Wasser abschrecken und auf ein Bett von Lattich legen. Der Mayonnaise die Petersilie, Estragon,

Kerbel, zwei Fingerspitzen Piment und das Krabbenfleisch untermengen. Die Artischockenherzen mit dieser Masse füllen und mit den Garnelen garnieren. Sehr kalt servieren.

Krebs-Wollust

Ich habe diesen Salat in Frankreich entdeckt und ihn in glühender Erinnerung behalten. Mein Gastgeber an diesem Abend hatte eine ganz besondere Art und Weise, seine Zunge über die Lippen gleiten zu lassen, als er den Salat kreierte. Ich tat mein Bestes, um ihm zu helfen, aber meine Hände waren zu stark beschäftigt – er mußte die Vorbereitungen allein übernehmen. Das Ganze haben wir dann in seinem Bett verspeist. Hmmm ...

Für zwei Personen

250 g Krebsschwänze	*Salz, Pfeffer*
350 g Geflügellebern	*1 Glas Mayonnaise*
5 oder 6 Langostinos	*Muskatnuß*
4 Trüffeln	*Öl*
1 Lattichherz	*Essig*

Die Krebsschwänze, die Trüffeln, die Geflügellebern in sehr feine Scheiben schneiden, nachdem sie gekocht worden sind. Salz, Pfeffer und Muskatnuß zufügen. Aus den Langostinos ein Püree bereiten, unter die Mayonnaise mischen, ebenso das fein gehackte Lattichherz. Diese Mischung über die Krebsschwänze, Trüffeln und Geflügellebern geben. Vermischen und mit etwas Essig und Öl abschmecken.

Asiatischer Traum

Wenn Sie Ihren Gast in ein anderes Land versetzen wollen, schlage ich Ihnen diesen exotisch-erotischen Salat vor, der den delikaten Geschmack frischer Früchte mit dem machtvollen der Ginsengwurzel verbindet, dieser außergewöhnlichen Pflanze, die aus China zu uns gekommen ist und schon Generationen von Liebenden in Erstaunen versetzt hat.

Für zwei Personen

1 römischer Salat
1 Orange
1 Grapefruit
1 Birne
6 Erdbeeren
1 grüne Pimentbaumfrucht (Nelkenpfeffer)
1 Walnuß
geriebener Ginseng
Mayonnaise

Auf zwei Tellern ein Bett aus römischem Salat bereiten. Drei Scheiben Orange, zwei Scheiben Grapefruit und zwei Stück Birne auf jedem Teller verteilen und dabei die Früchte durch je eine Scheibe der Pimentbaumfrucht voneinander trennen. Die Erdbeeren in die Mitte geben. Unter die Mayonnaise geriebene Nuß und Ginseng mischen und über das Ganze häufen.

Purpurfarbene Lotusblume

Diese chinesische Suppe ist eine echte Sensation! Leute mit schwachem Herzen sollten lieber die Finger davon lassen. Alle anderen können sich darauf einstellen, den Startschuß zu einem Liebes-Marathon zu erleben. Hinein in die Kimonos, fertig, los! Konfuzius möge Ihnen Flügel verleihen!

Für zwei Personen

2 junge Tauben	*Sojasauce*
4 Scheiben frischer Ingwer	*Zitrone*
10 g Ginseng	*Honig*
1 kleines Glas Sherry	*1 Brühwürfel*

Die jungen Tauben entbeinen und das Fleisch in kleine Stücke schneiden. Einen Liter Brühe (aus dem Brühwürfel) zum Kochen bringen, Taubenfleisch hineingeben, Sherry zufügen. Deckel auflegen, bei schwacher Hitze zwanzig Minuten kochen lassen. Ingwer und Ginseng in feine Scheiben schneiden, in die Suppe werfen und einen Eßlöffel Sojasauce hinzufügen, einen Teelöffel Honig und den Saft einer halben Zitrone. Vierzig Minuten bei schwacher Hitze kochen lassen. Salzen, falls nötig, in chinesischen Schalen servieren und – falls erhältlich – mit einigen Lotus-Blütenblättern bestreuen.

Salate, Liebe und Phantasie

Salate sind sozusagen ein Geschenk Gottes für erschöpfte Liebende; sie sind schnell zubereitet, und das ist manchmal sehr nützlich, wenn eine kleine Flaute zwischen leidenschaftlichen Sturmangriffen herrscht. Man kann in ihnen Gemüse kombinieren, die reich an Vitamin E sind, wie Sellerie, Spinat, Radieschen, oder anregende Würzzutaten wie Ingwer, Senf, Curry, Paprika, Lorbeer oder Oregano und erhält so eine Explosiv-Mischung. Sie sind ein ideales »Mischfutter« für einen zwanglosen Abend unter Freunden oder ein exzellenter Ausweg in letzter Minute, wenn Ihre Nachbarn, dieses so sympathische junge Paar, unverhofft bei Ihnen auftauchen – angelockt von den Geräuschen und dem Stöhnen, die aus Ihrem Schlafzimmer dringen.

Hier drei leckere Rezepte. Machen Sie den besten Gebrauch davon!

Salat Nizza

Für zwei Personen

2 Sellerieknollen	*Gelee royale*
10 Radieschen	*Senfpulver*
300 g gekochter Schinken	*Mayonnaise*
1 Zitrone	*Lorbeer*
schwarze und grüne Oliven	*Salz, Pfeffer*

Die Sellerieknollen schälen und fein in eine Salatschüssel reiben. Mit dem Saft der Zitrone beträufeln, damit sie weiß bleiben. Unter die Mayonnaise einen Teelöffel Gelee royale mischen, einen Teelöffel Senfpulver, Salz, Pfeffer und eine Fingerspitze zerkrümelten Lorbeer und über den Sellerie geben. Schinken und Radieschen in feine Scheiben schneiden, die Oliven entkernen und alles in die Salatschüssel geben. Gut vermischen und sehr kalt servieren.

Nur eine kleine Schwäche …

Für zwei Personen

1 Papaya
1 halbe Ananas
1 Pfirsich
1 kleine Sellerieknolle
1 Zwiebel
Lattich
Paprika
Mayonnaise

Die Früchte schälen und in kleine Stücke schneiden. Den Sellerie reiben, die Zwiebel fein hacken und alles miteinander vermischen. Auf frischen Lattichblättern servieren mit einer Mayonnaise, der eine gute Prise Paprika zugegeben wurde.

Popeyes Geheimnis

Für zwei Personen

4 Scheiben gekochter Schinken
500 g frischer Spinat
2 hartgekochte Eier
Curry
Senfpulver
brauner Zucker
Essig, Öl
Oregano
Zitrone
Salz, Pfeffer
Zwiebel

Den Schinken braten und das Fett von einem Küchenpapier aufsaugen lassen. Den Spinat gründlich waschen, die Stiele entfernen. Die Blätter sorgfältig trocknen. Den Schinken in eine Salatschüssel schneiden, den Spinat zugeben, ebenso die zerkleinerten harten Eier und die feingehackte Zwiebel. In die Pfanne, in der der Schinken gebraten wurde, zwei Eßlöffel Öl und Essig geben, einen Teelöffel Curry, einen Teelöffel Senfpulver, zwei Teelöffel braunen Zucker, Salz, Pfeffer, Oregano und Zitronensaft. Alles gut vermischen und diese Sauce über den Salat gießen. Warm servieren.

Artischocke mit China-Pfiff

Die chinesische Artischocke, im Geschmack ähnlich den Radieschen, besitzt die gleichen Eigenschaften wie ihre kleine europäische Schwester, zusätzlich aber noch ein paar besondere kleine Feinheiten ... Achtung: Dieses asiatische Gewächs ist nichts für Jugendliche!

Für zwei Personen

500 g chinesische Artischocken	*Kerbel*
50 g gekochtes Schweinefleisch	*Estragon*
2 hartgekochte Eier	*1 kleine Schalotte*
50 g roher Schinken	*Sesam*
Meerrettich	*Mayonnaise*

In einer Salatschüssel die Artischocken mit dem in feine Scheiben geschnittenen Schinken und Schweinefleisch und den in Scheiben geschnittenen Eiern vermischen, Kerbel, Estragon und kleingehackte Schalotte zufügen. Zwei Teelöffel Meerrettich unter die Mayonnaise mischen und diese über den Salat geben. Mit Sesamkörnern bestreuen.

Avocado des Teufels ...

Diese Frucht mit dem sanften Fleisch ist ganz und gar nicht verboten. Sie ist sogar wärmstens zu empfehlen – nachts, tagsüber, als Vorspeise, als Zwischendurch-Happen, als Bestandteil von Saucen. Mit Avocado wird jeder Advokat überflüssig. Die Versöhnung wird sich ganz sanft vollziehen . . . auf dem Kopfkissen!

Für zwei Personen

2 Avocados
100 g Krabbenfleisch
Crème fraîche
Salz
Pfeffer
zusätzlich etwas Cayennepfeffer
Zitrone
Lattichherz

Die Avocados in zwei Hälften teilen, die Kerne und das Fleisch herausholen und die Schalen unbeschädigt zurückbehalten. Das Avocadofleisch zerdrücken, gut salzen und pfeffern. Zwei Teelöffel Crème fraiche, das feingehackte Lattichherz und das zerkleinerte Krabbenfleisch zugeben. Einige Prisen Cayennepfeffer darüberstäuben, den Saft einer halben Zitrone darüberträufeln. So vermischen, daß eine einheitliche Masse entsteht.

Die Avocadoschalen mit dieser Mischung füllen. Mit etwas geriebener Zitronenschale überstreuen und sehr kalt servieren.

Die Finger von Zeus

Hier noch ein Spargelrezept, vielleicht etwas weniger eindrucksvoll, aber ebenso wirksam. Zu verzehren am besten bei einem sanften Tête-à-tête. Keine Angst, Sie werden sich nicht die Finger beschmutzen.

Für zwei Personen

1 kg Spargel	*2 Eigelb*
Crème fraîche	*Gelee royale*
Mehl	*Butter*
Salz	*Zimt*

Spargel schälen, in stark sprudelndem Wasser kochen lassen, dann abtropfen und trocknen lassen.

In einem kleinen Topf ein großes Glas Crème fraîche, die Eigelb, zwei Teelöffel Mehl und Salz vermengen, bei sanfter Hitze erwärmen und umrühren, bis eine dickflüssige Mischung entsteht. Einen Eßlöffel Gelee royale zufügen und zwei Fingerspitzen Zimt.

In einer kleinen Pfanne die Spargel rasch in Butter schwenken. Auf eine Platte legen und mit der Sauce überziehen.

Passionaria

Ein »leidenschaftlicher« Salat für warme Sommerabende, wenn Körper sich nacheinander sehnen, wenn Hände sich verirren. Ein Rezept zum Kopfverdrehen – falls das noch nötig sein sollte.

Für zwei Personen

50 g Walnüsse	*1 kleines Stück Selleriestaude*
200 g Datteln	*Mayonnaise*
1 Apfel	*römischer Salat*
1 Orange	*Ingwer*

Die Datteln entsteinen und fein hacken. Apfel und Sellerie kleinschneiden. Die Orange schälen und jedes Viertel in zwei Hälften teilen. Die Nüsse zufügen.

Alles in einer Salatschüssel mischen und dabei einige kleingeschnittene Blätter römischen Salat zufügen. Ingwer unter die Mayonnaise ziehen und über die Früchte gießen. Sehr kalt servieren.

Schmusende Auberginen

Dieses Gemüse mit seiner Suggestiv-Form, von den Spaniern Liebesapfel genannt, ist zu allen Zeiten von den Liebhabern großer Leidenschaften geschätzt worden. Im Kamasutra heißt es, daß derjenige, der sein Glied mit dem Saft der Aubergine einreibt, seine Erektion einen Monat lang nicht verliert. Sie können die Auberginen aber auch essen ...

Für zwei Personen

3 große Auberginen	*Butter*
1 Tomate	*Mehl*
Milch	*Salz*
Cayennepfeffer	*Pfeffer*
Safran	*Zitrone*
Zimt	

Auberginen und Tomate grillen, bis sie weich sind. Dann sorgfältig die Haut entfernen und das Fleisch zerdrücken, so daß eine homogene Masse entsteht.

In einem kleinen Topf ein nußgroßes Stück Butter schmelzen lassen, einen Teelöffel Mehl zufügen, Salz, Pfeffer, zwei Fingerspitzen Cayennepfeffer, eine Fingerspitze Zimt und eine Prise Safran. Ein kleines Glas Milch zugeben und einige Minuten erwärmen, dabei ständig umrühren. Den Saft einer halben Zitrone zufügen. Diese Sauce mit dem Auberginenpüree mischen. Warm servieren, schwarze Oliven dazu reichen.

Sie haben die Horsd'oeuvres noch kaum beendet, und schon haben Sie Ihr Sakko ausgezogen, Ihre Krawatte gelockert und Ihre Schuhe abgestreift. Ihr Fuß »verirrt« sich zum Bein Ihrer Partnerin. Es ist allerhöchste Zeit, sich mit einigen Widerstandskräften zu wappnen, denn Sie haben es nötig (ich meine den Widerstand). Seien Sie geduldig. Von der Liebe kann heiß, warm und kalt gegessen werden. Nehmen Sie sich also ein wenig Kaviar und stellen Sie Ihren Gürtel weiter. Man kann nie wissen, das könnte sich als nützlich erweisen ...

Fisch und Fleisch – und die eigene Haut: vor allem warm

Meine Zunge verlor sich in einer köstlichen rosafarbenen Muschel. Meine Lippen ließen die kleine zitternde Perle tanzen. Ein Duft nach Nuß, Karamel, nach weiblichen Säften füllte meine Nase. Ich verlor mich in dem dargebotenen Schoß mit einer Leidenschaft, die ich nicht mehr kontrollieren konnte, und das Mädchen wand sich unter meinen Liebkosungen. Ich fühlte, wie sie bereit war zu explodieren, und versuchte diesen Moment so lange wie möglich hinauszuzögern. Ich war selbst an die Grenze höchsten Genusses gelangt und hätte so gern meine Hand an meine feuchte, brennende Spalte geführt, die geradezu nach Befreiung schrie. Aber meine Finger konnten sich nicht von den Hinterbacken des Mädchens lösen, zwischen die sie wild eingedrungen waren.

Also mußte ich wohl auf meine eigene Erlösung vorerst verzichten. Aber da legte sich eine Hand auf meine ausgestreckten Kugeln. Ein Glied glitt an meinem Schoß entlang und drang mit plötzlicher Wucht in mich ein. Ich stieß einen heulenden Laut vor Glück aus, halb erstickt von dem Vlies meiner Gefährtin, und ohne mich umzuwenden ließ ich meine Hüften die entsprechende rasche Vor-und-zurück-Bewegung machen. Mein Körper war bereit für meinen unbekannten Geliebten, während mein Mund sich wild in rosafarbenes Fleisch grub. Plötzlich versteifte sich das Mädchen und stieß einen Schrei aus. Das war das Signal. Mein Geliebter kam, wobei er ein Knurren ausstieß, die Nägel in die Haut meiner Hinterbacken gegraben, und mein eigener Orgasmus war so heftig, daß ich auf den Beinen meiner Gefährtin zusammenbrach. Für einen kurzen Moment herrschte völliges Schweigen. Ich genoß mein Dessert.

Ich hatte mich kaum vom Tisch erhoben, noch zitternd von diesem erstaunlichen Genuß, als zwei junge Männer in Adamskostüm und mit stolz aufgerichtetem Phallus sich auf das Mädchen stürzten, das auf der enormen Silberplatte lag. Vielleicht haben sie Angst, daß sie kein Dessert mehr bekommen, dachte ich und mußte lächeln. Ich wußte, daß sie sich keine Sorgen zu machen brauchten. Wenn auch die Zone um den Schoß des Mädchens sorgfältig von der köstlichen Nußcreme, die sie bedeckt hatte, »gesäubert« worden war – durch meine hingebungsvollen Dienste genaugenommen –, würden ihre Brüste und ihr Bauch auch den wildesten Appetit noch zufriedenstellen. Meiner jedenfalls war allmählich gestillt.

Vor einigen Stunden war ich anständig gekleidet in diese gigantische Behausung etwas außerhalb von Paris gekommen, in Begleitung von Maya und Frédéric, einem jungen und sehr freizügigen Paar, die ich in Holland, bei meinem Freund Léo, kennengelernt hatte.

Ich war für einige Tage in Paris, und Frédéric hatte mich am vergangenen Abend ganz aufgeregt angerufen.

»Xaviera, du hast ein phantastisches Glück!«

»Wirklich? Was habe ich denn gewonnen? Eine Liebesnacht mit dir?«

»Rede keinen Unsinn«, antwortete er lachend. »Du hast ganz einfach das Glück, im richtigen Moment in Paris zu sein und einen genauso prima Kerl wie mich kennenzulernen.«

»Komm zur Sache, mein Kleiner«, meinte ich und bemühte mich um einen etwas überheblichen Tonfall. Tatsächlich wurde ich ungeduldig.

»Baron Xavier veranstaltet morgen abend eine seiner berühmten Orgien. Wir sind alle drei eingeladen.«

»Ah!«

»Ist das alles, was du dazu zu sagen hast? Du kannst

dich dort wirklich auf etwas gefaßt machen. Nicht die klassische Vorstellung, sondern eine echte römische Orgie. Großartig, maßlos, wahnsinnig ...«

»Ist schon gut«, unterbrach ich ihn lachend. »Du kannst deinen Werbefeldzug abbrechen. Ich komme.«

»Ich bete dich an. Bis morgen.«

Maya und Frédéric hatten mich gegen acht Uhr im Hotel abgeholt. Ich hatte mich mit vorne in ihren BMW gezwängt, und wir waren losgezogen wie der Wirbelwind. Es waren fast hundert Kilometer, und Frédéric sagte dauernd, er wolle auf keinen Fall den Anfang des Schauspiels versäumen. Er fühlte sich in Hochform – um es zu beweisen, glitt seine Hand unter Mayas Rock. Frédérics Freundin war ein wunderbares Mädchen. Groß, braune Haare, riesige grüne Augen; sie hatte einfach alles, was ein perfektes Mannequin ausmachte – und sie war eines.

Als die Hand ihres Lieblingsfotografen ihr Höschen erreicht hatte, stieß Maya vor Vergnügen ein leises Seufzen aus. Ich saß vorne, neben ihr, und ich muß sagen, daß der Anblick dieses schwarzen durchsichtigen Minislips, unter den männliche Finger geglitten waren, mich nicht wenig aufregte. Wir hatten uns oft zu dritt geliebt und verstanden uns so gut, daß nur sehr wenig nötig war, um uns starten zu lassen.

Maya lehnte sich weit im Sitz zurück, und meine Hand legte sich auf ihren weißen Schenkel. Sie ergriff sie und dirigierte sie in ihren Slip, nahe neben die ihres Gefährten. Unsere zehn Finger wurden sehr lebendig auf ihrem perlmuttartigen Schoß, der feucht wurde. Maya keuchte. Frédéric hielt das Steuer immer noch mit einer Hand, schien aber große Schwierigkeiten zu haben, sich auf die Straße zu konzentrieren. Sein Glied spannte seine Hose, es wollte heraus. Mein Mittelfinger kreiste um den Eingang zu Mayas Vagina, während sich der von Frédéric mit ihrer Klitoris beschäftigte.

Unvermittelt führte ich meinen Finger hinein. Maya stieß einen kleinen Schrei aus und zog mich an sich. Unsere Lippen berührten sich, unsere Zungen umschlangen sich. Maya stöhnte jetzt im Rhythmus meiner Hand. Frédéric hatte die seine zurückgezogen, um seine Hose zu öffnen und sein Glied herauszuholen, das er jetzt langsam rieb, uns dabei aus den Augenwinkeln beobachtend. Das Wageninnere dröhnte von unseren Seufzern und unserem Stöhnen.

Maya versuchte in ihrer Erregung mein Kleid hochzuziehen. Ich half ihr so gut ich konnte und verrenkte mich nach allen Seiten. Ihre Finger fanden meine Klitoris, vor der keine Stoffbarriere schützend lag. Meine runden weißen Hinterbacken boten sich fröhlich dar, und Frédéric verlor nicht eine Sekunde. Er war ein wenig rot, dehnte das Vergnügen aber sichtlich aus. Wir fuhren mit hundert Stundenkilometern.

Ich küßte Maya leidenschaftlich und hörte dabei nicht auf, sie zu streicheln. Sie spannte sich plötzlich und schrie auf:

»Xaviera, oh! Ja, dein Finger ... jaaa ... laß mich genießen ... Oh! Ja ... Oh! Ich liebe dich ... Dein Finger ... dein Finger ... Aaaaaah!«

Sie machte mich völlig verrückt, und wir kamen beide zur gleichen Zeit. Der Sitz war völlig naß von Maya.

Ich machte als erste die Augen wieder auf und sah Frédéric, der sein Glied mit der geschwollenen Eichel in der rechten Hand hielt und mich flehend ansah. Ich lächelte, kletterte über Maya weg, die gerade wieder zu sich kam, und nahm Frédérics Glied in meinen Mund. Er stieß einen zufriedenen Seufzer aus, und seine beiden Hände lagen jetzt wieder auf dem Steuer. Ich saugte erst langsam, dann immer schneller. Ich spürte seine Eichel noch größer, hart werden. Er trat unvermittelt auf den Gashebel und ejakulierte unter einem dumpfen Knurren. Ich saugte sein Sperma auf bis zum letzten Tropfen. Es schmeckte irgendwie nach Milch.

Als ich den Kopf hob, betrachteten Maya und Frédéric mich zärtlich. Wir brachen in Lachen aus.

»In einer hübschen Verfassung sind wir jetzt«, meinte Frédéric. »Als ob wir das nötig hätten! Schließlich haben wir die ganze Nacht nichts anderes vor.«

»Ein Orgasmus kann nie schaden«, dozierte Maya und versuchte, etwas Ordnung in ihre Frisur zu bringen.

Ich stimmte ihr bei, und wir hielten einige Augenblicke am Straßenrand, um unsere Kleidung in Ordnung zu bringen und bei unserem Eintreffen halbwegs salonfähig auszusehen. Dann brausten wir unverzüglich wieder los, lachend und scherzend.

»Ich habe Hunger«, meinte ich plötzlich. »Dein Sperma ist nicht nahrhaft genug, Frédéric!«

»Keine Sorge, Xaviera, du wirst dich noch sattessen können. Ich habe dir doch gesagt, daß uns eine echt römische Orgie erwartet. Die Freuden des Geschlechts und der Liebe. Gedulde dich noch ein bißchen.«

In meiner Erregung hatte ich tatsächlich fast vergessen, was wir eigentlich vorhatten. Ganz zu Unrecht. Der Abend sollte eines Gargantua würdig werden.

Endlich kamen wir zu dem Landsitz von Baron Xavier, einem imposanten Gebäude aus dem 18. Jahrhundert. Dutzende von Wagen parkten vor dem Eingang. Frédéric stellte den seinen ab, und wir gingen auf das Haus zu. Alle Fenster waren erleuchtet. Geschrei und Gelächter klangen durch die warme Frühlingsnacht. Das Eingangstor war weit geöffnet, und unser Gastgeber, ein gutaussehender Mann in den Vierzigern, mit Schnurr- und Kinnbart, empfing seine Gäste auf der Schwelle. Frédéric übernahm die Vorstellung. Der Baron schien entzückt, uns zu sehen, und empfing uns herzlich. Ich bemerkte sehr wohl den besonderen Blick, den er Maya und mir zuwarf. Ein ahnungsvoller Schauer lief mir den Rücken hinunter. Hmm, dachte ich, wenn sich der Baron alles übrigen so gekonnt bedient wie seiner Augen, verspricht das ein bewegter Abend zu werden.

Adèle, die Frau unseres Gastgebers, gesellte sich zu unserer kleinen Gruppe. Groß, schlank, elegant, machte sie kein Hehl aus ihren vierzig Jahren. Sie trug eine weiße Robe, eine Art Toga, von einem großen Couturier entworfen, die ihre schönen Schultern voll zur Geltung brachte. Sie küßte Frédéric und lächelte mir verschmitzt zu.

»Ah! Xaviera«, sagte sie, »ich bin glücklich, Sie kennenzulernen. Kommen Sie, treten Sie ein und machen Sie es sich bequem.« Sie führte uns in ein großes Zimmer, das wirklich dem Atrium einer alten römischen Villa ähnelte. In einem Bassin in der Mitte des Raumes gluckerte unermüdlich ein Springbrunnen. Überall standen niedrige Tische und Diwans. Die Gäste – es waren nicht wenige – plauderten, als handelte es sich um eine x-beliebige gesellschaftliche Angelegenheit. Da und dort jedoch sah man Wangen sich röten, Augen glänzen; kleine Lacher stiegen auf.

Ich plauderte über alles mögliche mit Adèle und bemerkte die Diener, die vorbeigingen, ihre Tabletts voller Gläser, die mit einer Flüssigkeit gefüllt waren, die ich nicht identifizieren konnte. Die Frau des Barons ergriff ein Glas im Vorübergehen und hielt es mir hin.

»Trinken Sie, Xaviera, das ist ein magischer Liebestrank.«

Ich lächelte und tauchte meine Lippen in das frische Getränk. Es hatte einen seltsamen, aber angenehmen Geschmack.

Dann bemerkte ich, daß wir noch zahlreicher waren,

als ich zunächst angenommen hatte. Das Zimmer, in dem wir uns befanden, öffnete sich geradlinig in zwei weitere Salons, die ähnlich ausgestattet waren. Die Spiegel an den Wänden warfen das Bild einer jungen und eleganten Menge zurück.

Als Adèle, die mich unter ihre Fittiche genommen zu haben schien, über die Leute zu reden begann, wobei sie mir direkt in die Augen sah und ihre Zunge von Zeit zu Zeit über ihre Lippen glitt, als sei ich ein appetitlicher Happen, den sie nur zu gern verschlungen hätte, durchlief die Versammlung ein beifälliges Raunen.

Wer auf dem Diwan lag, richtete sich auf, wer stand, rückte ein wenig beiseite, um der unglaublichen Prozession Platz zu machen, die soeben den großen Salon betreten hatte. Drei Gruppen von jungen Leuten, bekleidet nur mit einem Rock in der Art römischer Legionäre, kamen langsam näher, auf den Schultern schwere Silberplatten mit den appetitlichsten Dingen. Was das Ganze aber noch viel attraktiver machte, war die Anwesenheit – in der Mitte jeder der Riesenplatten – eines völlig nackten Jungen und eines Mädchens, die sich in voller Schamlosigkeit liebkosten.

Die jungen Legionäre stellten ihre Platten auf den Tischen ab. Ein langer Schauder schien die anwesende Menge zu überlaufen. Die Blicke verschleierten sich, Finger glitten an Körpern entlang, die immer nachgiebiger wurden durch die Getränke und die von Sinnlichkeit durchdrungene Atmosphäre, die in dem Raum herrschte.

Die Hand von Adèle legte sich auf meinen Schenkel, und irgend etwas verknotete sich in meinem Bauch. Ich kreuzte einen Blick mit Frédéric, der mir gegenüber saß, neben einer Blondine mit provozierenden Brüsten und sich wollüstig wiegenden Hüften. Die Legionäre begannen den Gästen zu servieren, und zwar auf etwas eigenartige Weise. Ein blonder junger Mann, der nicht älter als zwanzig sein konnte und einem vom Himmel gefallenen Engel glich, ging auf ein Mädchen zu, das auf einem Diwan neben dem unseren lag. Sie trug ein geschlitztes Kleid, das ihre Beine völlig enthüllte. Der Engel hielt in seinen Händen eine kleine Platte mit Spargel. Er setzte sich neben das Mädchen, nahm einen der verzehrbaren Mini-Phallusse zwischen seine Finger und führte ihn zum Mund des Mädchens. Sie leckte ihn zart mit ihrer rosafarbenen kleinen Zunge ab, verschlang ihn, um ihn abzusaugen, ließ ihn wieder hervorkommen. Dieses Spiel dauerte einige Augenblicke, dann führte der Engel den Spargel am Körper des Mädchens entlang, an ihren schlanken Beinen, ihren Armen, ihrem Bauch. Das Mädchen dehnte sich wie unter der Liebkosung eines Gliedes, und ihr Kleid glitt über ihren Nabel hinauf. Sie trug keinen Slip. Der Spargel glitt auf das Vlies zu, schlüpfte in die feuchte Spalte.

Fasziniert verfolgte ich sämtliche Bewegungen des Jungen. Zahlreiche Gäste, die nicht mehr konnten, hatten sich auf die Platten und ihre menschliche Last gestürzt. Zu zweit, zu dritt, zu fünft ließen sich die anwesenden Männer und Frauen von ihren Wünschen überrollen.

Der Wein floß in Strömen, von jungen Mädchen in weißen Togas serviert. Die Gäste aßen, streichelten sich, schrien, lachten, seufzten, und ich selbst – ich fühlte mich gar nicht mehr so gut. Ich wünschte, die Hand von Adèle hätte sich nachdrücklicher zwischen meine Schenkel geschoben, aber meine schöne Nachbarin verfolgte wie ich die Wanderschaft des Spargels. Ich beschloß also, sie zuschauen zu lassen und die Initiative zu ergreifen.

Während der kleine Penis, den der Engel so geschickt handhabte, in dem jungen Mädchen auftauchte und verschwand, hakte ich mit kundiger Hand Adèles

Toga auf. Sie glitt auf ihre Hüften herab und enthüllte eine außergewöhnlich üppige Brust. Adèle hatte schwere, aber feste Brüste mit einem sehr dunklen Hof und langen Brustwarzen, die augenblicklich steil aufgerichtet waren. Ich nahm die zwei festen Halbkugeln in meine Hände und begann sie sanft zu kneten, dann bemächtigte sich meine Zunge des linken Warzenhofes. Adèle stieß klagende kleine Seufzer aus, ohne die Augen von dem Spargel zu lassen, der seine Tour fortsetzte. Das junge Mädchen keuchte, und der Engel war unwiderlegbar männlichen Geschlechts. Ich befand mich in einem Zustand unglaublicher Erregung. Ich zwang Adèle, sich auszustrecken, und streifte ihre Robe ganz herab. Die Baronin, die sich nicht mehr zurückhalten konnte, begann das Nymphchen wie wild zu küssen, bis zu dem Augenblick, in dem der Engel den Spargel in ihre Vagina gleiten ließ und laut aufseufzte.

Gerade bevor ich mein Gesicht in dem erhitzten Vlies von Adèle vergraben wollte, blieben meine Augen in denen des jungen Mannes hängen. Wir lächelten uns zärtlich und verschwörerisch zu. Dann vergaß ich die ganze Welt, um mich in Adèles Schoß zu verlieren, die sich unter meinen Zungenstößen wand.

Etwas Hartes, Hartnäckiges brachte mich in die Wirklichkeit zurück. Der Engel hatte den Spargel in Adèles Händen gelassen und preßte seinen Penis gegen meine Wange. Und einem steifen Glied habe ich noch nie widerstehen können, besonders wenn es so nett angeboten wird. Ich überließ also die Frau meines Gastgebers ihrer neuen Eroberung und nahm das Glied des Engels in den Mund.

Ich saugte lange an ihm und wunderte mich, so viel Selbstkontrolle bei einem so jungen Menschen zu erleben. Dann fielen mir die Getränke ein, die kurz zuvor serviert worden waren. Ich dachte gerührt an Marcel

Dantremet und wunderte mich über gar nichts mehr. Mein junger Gefährte hatte ein göttliches Glied, lang, dick und sehr hart. Und das wollte er mich noch mehr genießen lassen. Er streckte mich mit sanften Bewegungen auf dem Diwan aus, was mich unter den gegebenen Umständen überraschte, und drang langsam in mich ein. Gleich würde alles in mir umkippen. Er kam und ging in mir, und eine Feuerkugel entstand in meinem Unterleib, die sich rasch über den ganzen Körper ausbreitete. Ich klammerte mich an die Schultern meines Geliebten. Mein Kopf rollte von links nach rechts, und ich schrie aus vollen Lungen. Es war außerordentlich.

Ich taumelte einen Moment auf der Grenze zum Orgasmus und ließ mich dann fortreißen. Der Engel hielt sich immer noch gut. Wir stürmten noch einmal los, um den höchsten Genuß zu erobern, und schafften es diesmal beide zu gleicher Zeit. Ich hatte die Augen offen behalten, um das Gesicht meines Gefährten zu sehen. Als sein Glied sich entlud, glitt eine solche Glückseligkeit über seine Züge, daß mein Vergnügen noch verdoppelt wurde.

Während wir uns von diesem Ansturm erholten, erzählte mir der Engel, daß er Jean-Louis hieß, neunzehn Jahre alt war, Kunststudent, und sich in meinen Po verliebt hatte. Er wollte ihn absolut malen. Ich lachte über seine kindliche Begeisterung.

Einer neben dem anderen ausgestreckt, beschlossen wir, uns mit ernsthaften Dingen zu beschäftigen. All diese Emotionen hatten unseren Appetit angeregt, und es fehlte ja nicht an nahrhaften Köstlichkeiten. Wir waren umgeben von Platten und menschlichen Körpern. Jean-Louis schöpfte mit vollen Händen aus den Behältern, die in seine Reichweite gelangten, und fütterte mich. Natürlich gibt es kein Besteck bei einer Orgie, und das war auch, um ehrlich zu sein, absolut überflüssig. Ich entdeckte das Vergnügen, nicht nur mit meinem Mund, sondern mit meinem ganzen Körper zu essen. Dar Baron hatte alles großartig arrangiert. Kaviar, Spargel und Fettammern teilten sich die Hauptrolle mit Wildschwein, Wacholderdrossel, Trüffeln und Krebsen. Dazu gab es einen ganz besonderen Wein, der, nach dem Zustand der Gäste zu schließen, zweifellos stark aphrodisische Wirkung besaß.

Die ganze Gesellschaft schien sich jetzt zu stärken, und die schweren Silberplatten leerten sich schnell. Übrig blieben nur die drei Paare in der Mitte, völlig in ihre Ekstase verloren. Ich vermutete, daß sie mit ihrer kleinen Privatorgie längst vor uns begonnen hatten. Ich suchte mit den Augen Maya und Frédéric, aber es war schwierig, ein Gesicht aus diesem menschlichen Mosaik herauszufiltern.

Adèle, die sichtlich noch immer nicht gesättigt war, wollte den Engel wieder haben, und wie es die Regel ist bei dieser Art von Veranstaltung, überließ ich ihr Jean-Louis, dieses so bereitwillige Opfer. Sie hatte sich zwischen seine Beine gekniet und seinen Penis in den Mund genommen. Ich stand auf, um ihr den Platz zu überlassen, und folgte einigen Spuren. Ich stellte jetzt erst fest, daß ich nackt war und mich absolut nicht daran erinnern konnte, wo mein Kleid hingekommen war. Ich nahm an, daß Jean-Louis diese Kleinigkeit für mich erledigt hatte. Ich bahnte mir einen Weg zwischen den Körpern, die sogar auf dem Teppichboden ausgestreckt lagen. Ich hatte einen kleinen Hintergedanken in meinem Kopf: Ich wollte den Baron finden. Er war nicht in diesem Salon. Ich beschloß also, in den anderen zu suchen.

In dem ersten war nur Seufzen, Stöhnen, das Erschauern von Körpern auszumachen. Ein köstlicher Duft nach Liebe und verschwenderischer Gastlichkeit drang in meine Nase. Ein hübscher braungelockter junger Mann, gegen einen Kissenberg gelehnt und ein nacktes Mädchen an jeder seiner Schultern, betrachtete eine Blondine, die Ananasscheiben um seinen aufgerichteten Penis gelegt hatte und sich bemühte, sie abzuknabbern, ohne den steifen Speer zu berühren.

Ganz offensichtlich litt der junge Mann Höllenqualen. Jedesmal, wenn er versuchte, seine Hand hinunterzuführen, hinderten ihn die beiden Mädchen daran. Das Spielchen mußte schon eine Zeitlang so gehen, denn das Glied des jungen Mannes entlud sich schließlich in langen heftigen Stößen, und das Mädchen verschlang seinen Saft gleichzeitig mit der Ananas.

Etwas weiter entfernt hatten zwei aufregende Amazonen mit langen schwarzen Haaren einen riesigen Lutscher aus Gerstenzucker ergattert, der die Form eines Penis mit zwei Köpfen hatte. Die erste versenkte den einen der Köpfe in die Vagina der anderen, zog ihn wieder heraus, um ihn abzulecken, und führte ihn wieder an Ort und Stelle, als ihre Gefährtin sie flehend ansah. Dann brachte sie sich in die richtige Position, und beide begannen ihren Ritt in den siebten Himmel auf einem Zuckerlutscher.

Ich war jetzt in dem dritten Raum. Hier herrschte die gleiche lustvolle Atmosphäre, und ich entdeckte Frédéric, der seinem künstlerischen Talent freie Bahn ließ. Er kniete vor drei Mädchen, die auf einem niedrigen Tisch saßen. Nachdem er ihren Schoß mit einer Vanillecreme dekoriert hatte, die ganz einfach köstlich schmeckte – schließlich hatte ich sie auf dem Glied von Jean-Louis gekostet –, vergnügte er sich damit, ihre Spalte und ihren Nabel mit getrockneten Feigen, Litchis, kleinen Mandarinen, frischen Datteln und Ingwer zu verzieren. Sichtlich zufrieden mit seinem Kunstwerk, begann er dann, abwechselnd diese drei Desserts zu verspeisen, und die Größe seines Gliedes bezeugte das Vergnügen, das er dabei empfand.

Ich überließ Frédéric seinen lebenden Bildern und setzte meine Suche fort. Vom Baron noch immer keine Spur. Wo konnte er sein? Da bemerkte ich, daß der dritte Salon auf eine weite Terrasse hinausführte, in deren Mitte ein Springbrunnen stand. Ich wagte mich hinaus. Die laue Nachtluft überraschte mich, jedoch nicht so sehr wie das Schauspiel, das mich erwartete. Auf einem breiten Sofa lag der Baron Xavier im Adamskostüm und aß seelenruhig getrocknete Früchte in Gesellschaft eines puppenhaften asiatischen Geschöpfes und eines äußerst ansehnlichen griechischen Hirten mit braunen Locken und einem Vollbart. Was soll daran so erstaunlich sein, werden Sie fragen, aber es war wirklich so. Das Mädchen lag auf dem Baron, während der Hirte sie von hinten nahm. Und alle drei sprachen über Malerei. Die Arme fielen mir herunter.

»Ah! Xaviera, ich bin entzückt, Sie zu sehen. Ich wollte gerade Dimitrios losschicken, um Sie zu suchen.«

»Ich bin sehr beeindruckt von dieser Aufmerksamkeit«, antwortete ich, wobei ich mich fragte, ob ich mich tatsächlich da befand, wo ich zu sein glaubte oder durch einen Zeitsprung bei einer dieser mondänen Soireen gelandet war, auf denen man vom Wetter spricht und davon träumt, seinen Gesprächspartner auf dem Teppichboden zu nehmen.

»Ich glaube wirklich, daß Sie eines der wenigen Geschöpfe sind, die unsere kleinen Spiele wirklich zu würdigen wissen«, fuhr der Baron fort.

Ich bemerkte, daß er viel weniger entspannt war, als er zu sein vorgab. Eine tiefe Falte hatte sich auf seiner Stirn eingegraben, in der ein kleiner Schweißtropfen glänzte. Ich begriff plötzlich, daß es darum ging, das Vergnügen so lange wie möglich auszudehnen. Gegen diese Art von Zerstreuung hatte ich absolut nichts.

»Hmm«, machte ich.

»Die aphrodisische Küche«, sprach der Baron weiter, als befände er sich in einem Vortragssaal, »verstärkt die sexuellen Widerstandskräfte ganz beträchtlich, und das erlaubt es, sich endlos lange zu lieben, ohne sich um einen Orgasmus zu kümmern, und zehnmal besser jede kleinste Regung auszukosten.«

Ich ließ mich auf dem Diwan neben dem Trio nieder und dachte an die Anhänger der *carezza*. Baron Xavier erklärte mir, daß er kein Angehöriger dieser Sekte sei, daß aber diese Art von Abendveranstaltungen ihm die Gelegenheit bot, sich seiner Lieblingsbeschäftigung zu widmen, die darin bestand, die Liebe zu betreiben wie man ein Gemälde schafft: wegen des Vergnügens zu malen und nicht, um die Leinwand fertigzustellen.

Dimitrios und Xavier bemühten sich also, mit ihren Körpern bewußt zu genießen, während Iko, die junge Asiatin, sich ihren Orgasmen überließ. Von Zeit zu Zeit hörte sie auf zu sprechen, schloß die Augen, versteifte sich von den Füßen bis zum Kopf. Ein Schauer schüttelte sie, und ich erriet, daß diese Augenblicke besonders hart für die beiden Männer waren, denn die Kontraktionen von Ikos Vagina mußten ihre Glieder buchstäblich verrückt machen.

Als Iko zu ihrem fünften Höhepunkt kam, zogen sich die beiden Männer wie auf ein vereinbartes Zeichen hin zurück. Der Baron, den all diese Emotionen hungrig gemacht haben mußten, bat seine junge Gespielin, ihm Litchis zu geben. Ich wunderte mich, denn die Früchte standen genau neben ihm. Das Mädchen erhob sich, näherte sich der Schale, nahm einige der weißen Kugeln in ihre Finger und ließ sie in ihre Vagina gleiten. Dann stellte sie sich aufrecht hin, die Beine über dem Kopf von Xavier gespreizt, der etwas über das Sofa hinausragte, und ließ ohne sichtbare Anstrengung die mit ihrem Saft parfümierten Früchte nacheinander in den Mund des Mannes fallen. Dieses Schauspiel war gleichzeitig obszön, erhaben und schrecklich erregend. Das war wahrscheinlich auch die Meinung von Dimitrios, dessen schlanker und rassiger Penis nichts von seiner Härte verloren hatte und sich gegen meinen Hals drückte. Wie gesagt, die Szene, die sich vor unseren Augen abgespielt hatte, hatte mich beträchtlich erregt. Ich nahm das Glied von Dimitrios zart zwischen meine Lippen und versetzte ihm kleine Stöße mit der Zunge. Um es mir bequemer zu machen, richtete ich mich auf den Knien auf. Während meine Finger die Hoden meines Partners kneteten, ließ ich meinen Mittelfinger in seinen Anus gleiten, wobei ich darauf achtete, nicht zu weit vorzustoßen, um nicht einen Orgasmus zu provozieren, den niemand wollte.

Eine Zunge glitt in meinen Schoß, kreiste um die Klitoris, fiel in meine Vagina zurück und entlockte mir erstickte Seufzer. Einen Moment lang glaubte ich, daß es der Baron war, aber diese Zunge konnte nur einer Frau gehören. Iko entfaltete ihr ganzes Talent, und ich zögerte nicht, ihr den Erfolg ihrer Geschicklichkeit zu demonstrieren. Baron Xavier, ein perfekter Voyeur, beobachtete unsere kleinen Spiele, wobei er sich sanft streichelte.

Dann überließ Iko ihren Platz Xavier, der langsam in mich eindrang, ganz sanft, mit Stößen von bewundernswertem Gleichmaß. Ich leckte immer noch Dimitrios, jetzt im Rhythmus der Stöße des Barons. Diese wohlberechnete Langsamkeit war so köstlich, daß mein zweiter Orgasmus, weit davon entfernt, eine Explosion, das Ende einer wilden Erregung zu sein, eine Art unbestimmtes Ausströmen meiner tiefsten Tiefen zu sein schien, das niemals wieder aufhören würde.

Ich hatte schon oft auf diese Weise – ohne jede Hast – die Liebe exerziert, aber – sei es die Atmosphäre, das Essen oder die perfekte Selbstbeherrschung des Barons – ich hatte das Gefühl, es zum erstenmal zu erleben.

Wir wechselten bald unsere Positionen, und ich fand mich, wie zuvor Iko, auf dem Baron kniend, während Dimitrios mich von hinten nahm. Diese Art von Trio erfordert, soll es perfekt ablaufen, eine hundertprozentige Übereinstimmung, aber wir hatten keinerlei Schwierigkeiten, unseren Rhythmus zu finden. Die junge Asiatin hatte sich wieder mit gespreizten Beinen über unsere Köpfe plaziert, und die Zunge von Baron Xavier und die meine vereinigten sich in dem perlmuttartigen Fleisch von Iko.

Unter anderen Umständen hätte diese Szene grotesk erscheinen oder bei uns ein nicht zu unterdrückendes wildes Gelächter auslösen können, aber dank der Anmut meiner drei Partner hatte ich das Gefühl, ein wohlgeordnetes Ballett zu tanzen.

Unsere Zungen gingen immer noch im Schoß von Iko spazieren, als sie zum Höhepunkt kam, wie ein Mann spritzte und unsere Gesichter in einem dünnen Strahl benäßte. Es war köstlich, leicht parfümiert und schrecklich aufregend. Ich hatte das noch nie bei einer Frau erlebt, jedenfalls nicht so. Ich hatte wirklich den Eindruck, unter einer sanften Dusche zu liegen.

Mein eigener Schoß, unter den doppelten Beschuß von Xavier und Dimitrios genommen, profitierte voll von der Situation. Ich fragte mich wirklich, wie meine beiden Gefährten sich noch zurückhalten konnten, als Xavier murmelte:

»Xaviera, ich will mit dir zusammen kommen.«

Das war das Signal. Meine zwei Helden beschleunigten in schweigendem Übereinkommen den Rhythmus etwas, und wir durcheilten alle drei den Weg zum Orgasmus, unser Vergnügen laut herausstöhnend. Dann sanken wir erschöpft übereinander zusammen. Iko betrachtete uns lächelnd.

Ich blieb noch einen Moment bei meinen neuen Freunden. Iko und Dimitrios zogen als erste wieder los, neuen Freuden entgegen. Der Baron nahm mich noch einmal in der Einsamkeit der Terrasse, dann kehrten wir beide unter die Menge zurück. Wir begegneten uns noch mehrmals in dieser Nacht und tauschten dann jedesmal zärtliche Verschwörerblicke aus.

In dieser Nacht – unsere Verköstigung war daran alles andere als unschuldig – war ich wirklich unersättlich. Es fiel nicht weiter auf, denn die meisten Gäste waren in dem gleichen Zustand wie ich. Gegen Morgengrauen begannen die Erschöpften aufzubrechen. Ich fand Maya und Frédéric wieder, den wir nur mit Mühe von zwei Mädchen losreißen konnten, die seine Vorliebe für künstlerische kulinarische Gestaltung zu teilen schienen. Wir beschlossen, zurückzufahren.

Im Wagen erzählte mir Maya von ihren Erlebnissen. Und Frédéric fragte mich:

»Und du, Xaviera, hast du dich gut amüsiert?«

»Hmm«, machte ich und unterdrückte ein Gähnen.

»Weißt du, was merkwürdig ist?« sinnierte Maya. »Ich habe den Baron überhaupt nicht gesehen.«

»Ich schon«, erwiderte ich mit einem sphinxhaften Lächeln. »Wir haben uns über Malerei unterhalten.«

Die beiden starrten mich an, als sei ich plötzlich verrückt geworden.

»Ah!« brachten sie schließlich heraus.

»Ja, wir haben über Malerei gesprochen, und mir ist bestätigt worden, was ich eigentlich schon gewußt habe. In der Liebe wie bei allem anderen hat es keinen Sinn, vorzupreschen. Entscheidend ist der richtige Augenblick.«

Maya und Frédéric hakten nicht weiter nach und schrieben meine geistige Verwirrung sicher meiner Müdigkeit zu. Ich schlief ein und träumte, daß der Schoß von Iko ein gigantisches Litchi war und daß ich mir diese Frucht mit einem griechischen Hirten und einem Baron namens Xavier teilte.

Alles, was Sie schon immer über Aphrodisiaka wissen wollten

Das Aphrodisiakum gibt es nicht. Aber diese Tatsache hat Generationen von Liebenden nicht daran gehindert, immer wieder nach Substanzen zu suchen, die fähig waren, ihre Gefühlsregungen zu vertiefen. Was sie gefunden haben, ist nicht das eine Wundermittel, sondern Nahrungsstoffe, die mehr als andere die Sinne wecken, Liebesgefühle anregen, Hemmungen beseitigen und den Liebehungrigen unendliche Kräfte verleihen.

Das offensichtlichste Heilmittel gegen sexuelle »Melancholie« ist der Alkohol. Seine Wirkung gilt in der ganzen Welt als unbestritten. Nun hat Alkohol zwar durchaus anregende Wirkungen, aber, auf die Dauer gesehen, katastrophale Auswirkungen auf unseren Freund, den Penis, wie es regelmäßig jene Vorstadtverführer feststellen müssen, die ihre kleine Freundin in der Hoffnung zum Trinken verleiten, ihr dann den wilden Wolf vorspielen zu können, und dann kläglichst scheitern. Statt mit dem Wolf muß sich die Schöne oft mit dem Lamm zufriedengeben.

Alkohol ist also mit Vorsicht zu genießen. Rosé, Champagner, Wodka, Tequila und Aquavit werden am meisten wegen ihrer anregenden Wirkungen geschätzt. Liköre dürfen Sie verbannen. Sie machen nur schläfrig, und die Dame Ihres Herzens wird die Tür hinter sich zuschlagen, nicht ohne Sie bei den Anonymen Alkoholikern eingetragen zu haben.

Weniger gefährlich und erfolgreicher sind Gewürze und Pflanzen. Sie sind wirksam und erlauben Ihnen darüber hinaus, als eine Art Hexenmeister zu fungieren.

Anis sollte abgekocht verzehrt werden, *Zimt* und

Kardamom können Desserts parfümieren, *Vanille* – Schutzengel der Neurastheniker des Sex – kann gekaut werden, ausgesaugt oder an Cremes und Kuchen gerieben. *Koriander* und *Wacholder,* ebenso wie *Curry* und *Piment,* die man zahlreichen Fleisch- und Fischgerichten zufügt, begünstigen ebenfalls Liebestollereien. *Kümmel* und *Senf* stimulieren sexuelle Funktionen. *Muskatnuß,* die man gerieben verwenden sollte, und *Pfeffer,* weiß, schwarz oder grün, sind äußerst geeignet, die Sinne zu wecken. *Ingwer,* ein kräftiges Aphrodisiakum, das einen makellosen Ruf genießt, kann als Pulver Saucen, Salaten und Fischgerichten beigegeben werden. Eingelegt bildet er ein exzellentes Dessert. Die *Kolanuß,* die man pulverisiert aphrodisierenden Weinen zusetzt, ist ein wohlbekanntes starkes Anregungsmittel der Indios Südamerikas. *Ginseng,* die Wunderpflanze der Chinesen, ist das Aphrodisiakum der Könige. Man verwendet ihn im allgemeinen in Pulverform.

Unter den Gemüsen und Gewürzen, die vitalisierende Eigenschaften besitzen, können Artischocke, Spargel, Sellerie genannt werden, die ich schon erwähnt habe, aber auch Zitrone, Fenchel, Lorbeer, Minze, Petersilie, Rosmarin, Bohnenkraut, Salbei, Thymian, Zwiebel und Knoblauch (Achtung: zu zweit davon essen!). Die Stechwinde schließlich, lange von den mexikanischen Indios zur Stärkung ihrer Kräfte angewandt, genießt den gleichen guten Ruf wie Spargel, dem sie verwandt ist. Man hat entdeckt, daß die Wurzel dieser Pflanze große Mengen an Testoteron enthält, diesem männlichen Hormon, das sowohl dazu dient, dem Wachstum eines zu kleinen Penis nachzuhelfen, wie die Haare wieder wachsen zu lassen. Sie ist allerdings leider nur sehr schwierig zu finden.

Ein Wort noch zu den mythischen Aphrodisiaka wie Moschus, Alraune, Schnittlauch und Ambra. Man hat ihnen außergewöhnliche Eigenschaften zugeschrieben. Nachdem sie lange Zeit nicht mehr verwendet wurden, kommen sie jetzt wieder in Mode, besonders in den Vereinigten Staaten. Brillat-Savarin war einer der eifrigsten Verteidiger der Ambra, dieser Sekretion des Pottwals, und empfahl, sie in warmer Schokolade zu sich zu nehmen. Sie werden zweifellos Schwierigkeiten haben, sich Ambra zu verschaffen, aber versuchen Sie es trotzdem. Was Alraune und Moschus betrifft, deren Geruch genügen würde, den glühendsten Liebhaber zu vertreiben, beruhen ihre Fähigkeiten mehr auf der Legende als auf der Wirklichkeit. Aber Legenden haben oft ein langes und zähes Leben.

Um diese Liste abzuschließen, ist es, glaube ich, nötig, die Liebhaber starker Emotionen vor verlockenden Aphrodisiaka wie Spanischer Fliege zu warnen. Diese kann zwar neiderregende Erektionen verursachen, aber wenn Sie Ihre Dosis nicht genau berechnet haben, kann Ihr Unternehmen sein Ende beim Notarzt finden. Es empfiehlt sich, darauf zu verzichten und sich an die guten alten Produkte unserer Erde zu halten. Raffiniert zubereitet, mit einer Prise Erotik und Phantasie, werden sie Ihnen Kraft und Leidenschaftlichkeit verleihen.

Von Brillat-Savarin bis Casanova rühmen sämtliche Spezialisten der nächtlichen Küche gleichmäßig die Meriten von Fisch und überhaupt allem, was aus dem Meer kommt. Diese unsere kleinen Freunde aus dem Meer legen Tausende von Eiern – vielleicht erklärt das, warum man ihnen so große aphrodisische Fähigkeiten zuschreibt (die Milch der Fische wird übrigens sehr von Spezialisten geschätzt). Und dann die Mythologie – besagt sie nicht, daß Aphrodite aus dem Schaum des Meeres geboren wurde, das die Genitalien von Chronos' Vater umspülte, nachdem Chronos ihn getötet und kastriert hatte?

Unter den gefragtesten Produkten des Meeres rangieren die berühmten Schwalbennester ganz oben, aber man bekommt sie nur sehr selten. Diese Nester, die nichts mit Schwalben zu tun haben, bestehen aus Algen und Fischeiern, zusammengeklebt durch den Speichel bestimmter Vögel, die auf den Klippen nisten. In den Handel kommen normalerweise keine echten Schwalbennester, sie sehen nur so aus. Setzen Sie diese nicht auf Ihr Menü, entführen Sie Ihre Angebetete lieber in ein chinesisches Restaurant.

Den Hai, besser gesagt die Haifischflossensuppe, empfehlen die Chinesen allen, die ihre Leidenschaften wieder etwas anheizen wollen. Sie können versuchen, Ihre eigene Haifischflossensuppe zu bereiten, Sie brauchen nur einen dieser Menschenfresser zu erwischen und seine Flossen vier Tage lang kochen zu lassen, täglich eine Stunde, das Wasser dabei alle Viertelstunden wechseln. Das ist aber nur etwas für sehr geduldige Verliebte.

Das Fleisch der Schildkröte ist ebenfalls sehr beliebt, aber der Weg ist weit, bis sie auf Ihrem Teller landet.

Erst einmal muß man sie haben, dann den Kopf abtrennen, wenn sie ihn gerade aus dem Panzer streckt – das kann zwei Tage dauern –, und dann den Panzer öffnen. Wenn Ihr Gast dann immer noch nicht in Ohnmacht gefallen ist, brauchen Sie das Tier nur noch ungefähr acht Stunden lang zu kochen – oder in den nächsten Feinkostladen zu laufen und eine Büchse Schildkrötensuppe zu kaufen.

Glücklicherweise hat das Meer noch Schätze zu bieten, die etwas einfacher zu bereiten und dabei ebenso wirksam sind. Die Anhänger unserer Liebes-Kochkunst werden begeistert sein.

Schelmischer Babysteinbutt

Der Fisch hat wie die Schalentiere schon immer einen bevorzugten Platz auf der Tafel der »wissenden« Liebenden eingenommen. Casanova berichtet in seinen Memoiren sogar, daß er ihn dem Fleisch vorzieht. Eine bessere Referenz gibt es wohl kaum. Aber auch die Mediziner widmen ihre Aufmerksamkeit den Produkten des Meeres. Phosphor, immer wieder Phosphor! Wie soll man da noch glauben, daß der Fisch ein Kaltblütler ist?

Für zwei Personen

1 Babysteinbutt
1 l Olivenöl
2 Zwiebeln
1 Knoblauchzehe
4 Gewürznelken
6 Sardellenfilets
Thymian
Lorbeerblatt
Petersilie
Pfefferkörner
Paprikapulver
Ingwer
Salz

Den Babysteinbutt vier oder fünf Stunden lang in dem Öl marinieren lassen, dem Sie die gehackten Zwiebeln, Knoblauch, Salz, Thymian, Lorbeerblatt, Petersilie, Gewürznelken, Pfeffer und Ingwer (zwei oder drei Fingerspitzen) zugegeben haben.

Die Sardellenfilets zerdrücken, ein wenig Öl und Paprika zufügen, so daß eine homogene Sauce entsteht.

Den Babysteinbutt aus der Marinade holen, braten, in Scheiben zerteilen und mit der Sardellensauce servieren.

Sehnsuchtsvoller Aal

Der Aal, oh, der Aal! Kann man sich ein augenscheinlicheres Phallussymbol vorstellen? Die alten Römer hatten jedenfalls keinen Zweifel daran und verzehrten rauhe Mengen sämtlicher Aalsorten. Dabei bevorzugten sie diejenigen, die mit dem Fleisch von Christen gefüttert worden waren. Über Geschmäcker und Farben ... Ohne solche Exzesse zu treiben, können Sie sich etwas Gutes antun, indem Sie dieses kleine Tier, das Ihnen nicht zwischen die Finger gleiten wird, folgendermaßen zubereiten:

Für zwei Personen

1 Aal (1,5 kg)	*Cayennepfeffer*
2 Schalotten	*Sojasauce*
4 Scheiben frischer Ingwer	*Reiswein*
Salz	*Öl*

Bitten Sie Ihren Fischhändler, Ihnen einen in vier oder fünf Zentimeter dicke Scheiben geschnittenen Aal vorzubereiten. Unter kaltem Wasser abspülen und ein wenig wässern. Einen Liter Wasser in einem großen Topf zum Kochen bringen und den Aal hineingeben. Nach dem Aufkochen bedecken und bei mittlerer Hitze zehn Minuten kochen lassen. Vom Herd nehmen und noch zehn Minuten warten, bevor Sie den Deckel abheben. Eine Sauce bereiten, indem Sie drei Eßlöffel Sojasauce, einen Eßlöffel Reiswein, zwei Fingerspitzen Cayennepfeffer, zwei Fingerspitzen Salz, die feingehackten Schalotten und den kleingeschnittenen Ingwer miteinander vermischen. Den Aal abtropfen lassen, drei Eßlöffel Öl in einer Pfanne erhitzen und die Aalstücke kurz hineingeben. Sehr heiß mit der Sauce servieren.

Zum Verzehr mit wenig ehrenhaften Absichten geeignet!

Der Lachs der Venus

Der Lachs erfreut sich eines wirklich guten Rufes. Frisch oder geräuchert, mit oder ohne Kaviar bildet er ein exzellentes und sehr anregendes Mahl. Und wie könnte man daran zweifeln, daß ein Tier, das einen Fluß gegen die Strömung hinaufschwimmt, nur um sich zu vermehren, außergewöhnliche aphrodisische Eigenschaften besitzt!

Für zwei Personen

2 Scheiben Lachs (ca. à 300 g)
Butter
4 Schalotten
grüne Weintrauben
(1 große Traube)
Zitrone
Rotwein
Maismehl
Salz, Pfeffer
Ingwerpulver

Eine feuerfeste Form buttern und die Lachsscheiben hineingeben, die Sie gesalzen, gepfeffert und mit etwas zerlassener Butter beträufelt haben. Zehn Minuten im heißen Ofen lassen. Inzwischen eine Sauce zubereiten: Die feingehackten Schalotten, ein kleines Glas Rotwein und den Saft einer Zitrone in einer kleinen Pfanne vermischen. Zum Kochen bringen und einige Minuten auf mittlerer Hitze köcheln lassen. Einen Teelöffel Maismehl in einem Eßlöffel kalten Wasser auflösen, in die Sauce geben, um sie anzudicken, außerdem zwei oder drei Fingerspitzen Ingwer. Den Lachs aus dem Ofen nehmen, mit der Sauce begießen, dann für zehn Minuten wieder in den Ofen stellen. Nach fünf Minuten die gut gewaschenen Weintrauben hineingeben. Sofort servieren.

Die Wonnen von Dublin

Dieses Rezept hat mir ein reizender Ire gegeben, der liebte wie er seinen Gin trank: leidenschaftlich. Seiner sinnlichen Glut kam nur sein Durst gleich – Sie kennen die Iren –, und er hatte stets sein Glas bei der Hand. Was diese Hand nicht an anderen Tätigkeiten hinderte ...

Für zwei Personen

1 Merlan (ca. 1 kg)
1/2 l Essig
1 kleiner Bund Radieschen
1 Knoblauchzehe
frischer Koriander
junge Zwiebeln
Öl
Petersilie
dunkles Bier

Einen Tag oder eine Nacht den Fisch in dem Essig marinieren. Abtropfen lassen und den Ofen vorheizen. Zwiebeln, Koriander, Radieschen und Knoblauch fein hacken und den Fisch damit füllen. Mit Öl einpinseln und in eine feuerfeste Form geben. Ein großes Glas dunkles Bier über den Fisch gießen und zudecken. Eine dreiviertel Stunde in den Ofen geben, abtropfen lassen und auf einem Bett von Petersilie servieren.

Träumen Sie beim Essen von den grünen Wiesen Irlands!

Vereint gen Kythera

Es heißt, daß die Liebenden auf dieser magischen Insel sich an tausend und einer Platte gütlich taten, eine raffinierter zubereitet als die andere. Sie hatten jedoch eine Vorliebe für dieses Gericht hier – besonders die Mädchen –, denn es verlieh den Gliedern ihrer Geliebten ganz erstaunliche Kräfte. Ah! Die weißen Nächte von Kythera ...

Für zwei Personen

1 Karpfen (1,5 kg)
3 Karotten
1 Selleriestaude
Kresse
2 hartgekochte Eier
1 Zwiebel
4 Knoblauchzehen
2 Schalotten
einige Spinatblätter
Olivenöl
Butter
trockener Weißwein
Gin
Thymian
Rosmarin
Petersiliensträußchen
Senfpulver
Kapern
Zitrone
Lorbeer
Lattich
Salz, Pfeffer

Den Karpfen säubern und in eine tiefe, gut gebutterte feuerfeste Form legen. Die Zwiebel dazugeben, die Karotten, Sellerie und zwei Knoblauchzehen, alles in feine Scheiben geschnitten, zwei Petersilienzweige, Thymian und eine große Fingerspitze Rosmarin. Den Fisch mit einem großen Glas Weißwein und einem kleinen Glas Gin bedecken. Salzen und pfeffern. Eine halbe Stunde im Ofen sanft garen lassen, bis das Fleisch unter der Gabel zart ist. Den Karpfen abtropfen lassen und auf eine warme Platte legen. In einer anderen Form ein halbes Pfund geschmolzener Butter mit den beiden zerdrückten Eiern mischen, zwei Eßlöffel Olivenöl und zwei Knoblauchzehen. In den Mixer geben, so daß eine ölige Masse entsteht. Den Spinat blanchieren, einige Lattichblätter, Kresse, den Rest Petersilie und die Schalotten. Abtropfen lassen, fein hacken und zu der Mischung geben, dabei noch zwei Eßlöffel Kapern und einen Teelöffel Senfpulver zufügen. Schließlich mit Zitronensaft abschmecken, salzen und pfeffern und diese Mischung bis zum Servieren in den Kühlschrank stellen.

Ein quicklebendiger Hummer

Hier etwas, um die Zurückhaltendsten in Trab zu bringen, die Unschuldigsten ein wenig gewitzter zu machen, die größten Feinschmecker zu entzücken und die Wohlmeinenden zu betrüben. Wenn das Schlingern und Stampfen Sie seekrank machen, halten Sie sich an Ihrem Partner fest, er wird entzückt sein. Aber Achtung bei sonstigen nautischen Unfällen ...

Für zwei Personen

1 Hummer
1 Flasche Champagner
1 Zwiebel
2 Karotten
Butter
Thymian
Lorbeerblatt
Petersilie
1 kleines Sellerieherz
2 Gewürznelken
Zimt
Safran
Ingwer
Koriander
Cayennepfeffer

In einem gußeisernen Topf zwei nußgroße Stücke Butter schmelzen lassen. Zwiebel, Karotten und Sellerie in feine Scheiben schneiden und zusammen mit einem Zweig Thymian, einem Lorbeerblatt und ein wenig Petersilie goldgelb werden lassen.

In denselben Topf die Hummerstücke legen. Zwei Gewürznelken zufügen, eine winzige Prise Safran, eine Fingerspitze Zimt, zwei oder drei Fingerspitzen Ingwer und Koriander.

50 Gramm Butter und Cayennepfeffer zugeben, dann die Flasche Champagner. Dreißig Minuten bei mittlerer Hitze kochen lassen. Warm servieren.

Neptuns Kessel

Der Gott des Meeres hat seinen Namen diesem Rezept gegeben, dessen sämtliche Bestandteile eine Quelle des Vergnügens sind. Und in der Mischung bilden sie einen geradezu magischen Kessel, in den Obelix gerne hineingefallen wäre, hätte er die Wahl gehabt. Es ist nicht immer langweilig, auf den Spuren der alten Römer zu wandeln …

Für zwei Personen

300 g Garnelen (in der Schale)	*grüner Nelkenpfeffer*
1 kleiner Hummer	*1 große Zwiebel*
1 Krabbe	*Öl*
1 kg Muscheln	*Knoblauch*
1 kg Austern	*Oregano*
1 kleiner Merlan	*Petersilie*
50 g Champignons	*Basilikum*
4 Tomaten	*Rotwein*
4 Kartoffeln	*Salz, Pfeffer*

Hummer- und Krabbenfleisch (dieses in der Schale lassen) in Stücke schneiden. Die Garnelen in kaltes Wasser legen. Den Merlan zerlegen und in Scheiben schneiden. Muscheln und Austern öffnen. Den Saft aufheben und die leeren Schalen wegwerfen.

In einem großen Topf in ein wenig Öl die gehackte Zwiebel, den Nelkenpfeffer und zwei Knoblauchzehen goldbraun werden lassen. Die geschälten Tomaten zufügen, die in Scheiben geschnittenen Champignons, einen Teelöffel Basilikum, drei Gläser Wein und den Saft der Muscheln und Austern. Wenn Sie davon weniger als zwei Gläser erhalten haben, fügen Sie ein wenig Tomatensaft oder Wasser zu. Die Kartoffeln in Würfel schneiden und in den Topf werfen.

Eine Viertelstunde kochen lassen. Dann Garnelen, Hummer- und Merlanstücke zufügen und bei schwacher Hitze noch eine Viertelstunde köcheln lassen. Prüfen, ob der Fisch gar ist, dann einen Teelöffel Oregano zufügen, die Muscheln und Austern. Salzen und pfeffern. Zudecken und noch fünf Minuten kochen lassen. In tiefen Suppentellern mit Petersilie bestreut servieren. Mit den Fingern essen und dabei die Augen schließen.

Liebesforellen

Dieses Originalrezept hat mir ein Angler aus Leidenschaft, der seine Forellen selbst aus den Bächen holte, anvertraut. Ich habe ihn eines Morgens begleitet, aber der einzige Fisch, den ich zu sehen bekam, hatte nicht viele Schuppen ... was ihn nicht daran hinderte zu zappeln – zu meinem größten Vergnügen.

Für zwei Personen

2 Forellen
100 g gekochtes Krabbenfleisch
30 g Champignons
2 Eigelb
Mehl
Crème fraîche
Petersilie
Knoblauch
2 Schalotten
Butter
Zitrone
Olivenöl
Reiswein
Ingwerpulver
Salz, Pfeffer

Ein nußgroßes Stück Butter in einer kleinen Pfanne schmelzen lassen, zwei große Schalotten hacken und anbraten. Die in Scheiben geschnittenen Champignons zufügen und ein kleines Glas Reiswein. Einkochen lassen, bis die Flüssigkeit verdampft ist. Das Krabbenfleisch zugeben, dann die Pfanne vom Herd nehmen.

In einem kleinen Topf 30 g Butter schmelzen lassen, eine Knoblauchzehe hacken, dann drei Eßlöffel Crème fraîche beigeben. Unter ständigem Rühren erwärmen, bis die Mischung sich verdickt. Abseits zwei Eigelb mit einem Eßlöffel Reiswein verschlagen, dann zu der Mischung geben. Unter ständigem Rühren erhitzen, aber nicht kochen lassen. Einen Teelöffel getrocknete Petersilie zugeben, ebenso Salz und Pfeffer. Diese Sauce über das Krabbenfleisch gießen und alles warm halten.

Die Forellen in Mehl wenden und in Olivenöl braten, ungefähr fünf Minuten auf jeder Seite. Abtropfen lassen. Mit der Krabbenfleischmischung füllen. Ein wenig geschmolzene Butter über die Forellen geben, ebenso etwas Zitrone, mit Ingwer überpudern und servieren.

Nächtliche Bouillabaisse

O ja, die Bouillabaisse besitzt durchaus aphrodisische Tugenden. Versuchen Sie es mit der »echten« Bouillabaisse von Xaviera. Sie werden sich nicht so schnell wieder davon erholen. . .

Für zwei – diesmal ausgehungerte – Personen

500 g Muscheln	*Thymian*
1 kleiner Merlan	*Lorbeer*
1 kleine Dorade	*Petersilie*
1 Rascasse	*2 Knoblauchzehen*
2 Rougets	*2 Zwiebeln*
1 Loup de Mer	*Safran*
1 kleine Languste	*Olivenöl*
1 St. Peters-Fisch	*Cayennepfeffer*
200 g Tomaten	*Basilikum*
1 Fenchelknolle	*Salz, Pfeffer*

Die Fische säubern, in Stücke schneiden, ebenso die Languste. In einem großen Topf das Olivenöl erwärmen und die Zwiebeln, Fenchel und Knoblauch feingehackt hineingeben, ebenso Tomaten und Fisch. Einige Minuten anbraten lassen. Die Langustenstücke zugeben und mit kochendem Wasser bedecken, nachdem Salz, Pfeffer, Cayennepfeffer, Basilikum, Thymian, Lorbeer, Safran und Petersilie zugefügt worden sind. Eine Viertelstunde kochen lassen, dann die Muscheln zugeben. Zudecken und so lange kochen lassen, bis die Schalen sich öffnen. Den Fisch herausnehmen und warm halten. Noch zehn Minuten kochen lassen. Sehr heiß servieren, getoastete Brotscheiben dazu reichen.

Der Kuß des Prinzen

Froschschenkel sind von Liebenden schon immer sehr geschätzt worden, sowohl wegen ihres delikaten Geschmacks als auch wegen ihrer stimulierenden Eigenschaften. Wenn Sie den Mut haben, mit der Dame Ihres Herzens auf Froschjagd zu gehen, werden Sie das Vergnügen haben, ganz frische Froschschenkel verzehren zu können – nachdem Sie hinter den Rosensträuchern geschäkert und auf die Beute gewartet haben. Wenn nicht, können Sie sie immer noch als Konserve bekommen.

Für zwei Personen

1 kg Froschschenkel	*Butter*
Weißwein	*Petersilie*
Salz, Pfeffer	*Knoblauch*

Die Froschschenkel unter kaltem Wasser abspülen, abtrocknen und für zwanzig Minuten in Weißwein legen. Danach sorgfältig trocknen, vier oder fünf Minuten mit ein wenig Butter, Knoblauch und Petersilie in einer Pfanne schwenken. Salzen und Pfeffern. Warm servieren.

Mitternächtliche Schnecken

Die alten Römer beteten diese kleinen Tiere geradezu an, die sie gewöhnlich am Ende der Mahlzeiten servierten, um ihren Gästen, die die vorangegangene Orgie etwas ermattet hatte, wieder zu Kräften und Enthusiasmus zu verhelfen. Auch für dieses Rezept können Sie – wenn Sie ein begeisterter Anhänger des »Zurück zur Natur« sind – Ihre Schnecken selbst suchen, aber die Zubereitung ist langwierig und kompliziert. Begnügen Sie sich lieber mit denen, die es zu kaufen gibt.

Für zwei Personen

12 Schnecken mit Gehäusen
Butter
2 Knoblauchzehen
1 Schalotte
Petersilie
Reiswein
Salz, Pfeffer
Mandeln

Den Ofen vorheizen. Die Schnecken für zehn Minuten in ein wenig Wein legen. Die Butter gut cremig schlagen, die feingehackten Knoblauchzehen zufügen, die feingehackte Schalotte, Salz, Pfeffer, etwas gehackte Petersilie und einige Fingerspitzen zerstoßene Mandeln. Etwas von dieser Mischung in jedes Gehäuse füllen, die Schnecke hineinsetzen, mit Butter abschließen.

Die Schnecken auf eine feuerfeste Platte setzen, die gebutterte Seite nach oben, und zehn Minuten im sehr heißen Ofen lassen, bis die Butter geschmolzen ist.

Unverzüglich servieren.

Hummer Cupido

Der Hummer ist ein wahrer Magier der Liebeskunst. Ganz wie die ihm verwandte Languste genießt er uneingeschränkten Ruhm. Sein Fleisch ist weiß wie die Schenkel einer Frau, zart wie ein Kuß, duftend wie eine Sommernacht. Schnell auf Ihren Tisch damit!

Für zwei Personen

1 Hummer	*Petersilie*
8 Aprikosen	*Cayennepfeffer*
4 Tomaten	*Olivenöl*
Oregano	*trockener Weißwein*
Knoblauch	*römischer Salat*
Zwiebel	*Salz, Pfeffer*

Die Aprikosen zehn Minuten in sehr warmes Wasser legen. Dann die Haut abziehen und die Früchte in zwei Hälften teilen. In einem gußeisernen Topf etwas Olivenöl erhitzen und den in Stücke geschnittenen Hummer hineinlegen. Fünf Minuten bei starker Hitze schmoren lassen. Eine Knoblauchzehe zugeben, Salz, Pfeffer und eine in Scheiben geschnittene Zwiebel. Wenn das Hummerfleisch rot wird, zwei Gläser Weißwein zugießen und vier Minuten kochen lassen. Die geschälten Tomaten zugeben, einen Eßlöffel in wenig Wasser verrührtes Tomatenmark, dann Petersilie, Oregano und eine Fingerspitze Cayennepfeffer. Bei starker Hitze zwei oder drei Minuten kochen lassen. Auf einem Bett von römischem Salat mit den Aprikosen servieren.

Wenn Sie Exotisches lieben, die Geduld von Konfuzius und einen gesunden Magen haben: Gewisse Fleischsorten, besonders die wild lebender Tiere, sind sehr gefragt bei Erforschern der Liebes-Kochkunst. Unsere Vorfahren aßen die Genitalien der meisten ihrer Beutetiere, um deren Kraft und Potenz in sich aufzunehmen. In Afrika gibt man noch heute Jungverheirateten die Hoden eines Löwen als Hochzeitsmahl. Je wilder das Tier, desto wertvoller ist es, aphrodisisch gesprochen.

Der Penis des Wolfs, das Sperma des Krokodils, der Rüssel des Elefanten, der Hals der Giraffe, der Schwanz des Aligators, der Höcker des Kamels, das Herz des Löwen – sie alle stehen auf der Liste der Preisträger bei den Liebhabern starker Emotionen und exotischen Fleisches. Nicht zu vergessen die Hoden des Affen, der Nilpferdbraten, das bei den Chinesen sehr beliebte Hunderagout, oder das von Katzen, gegrillte Heuschrecken, Termitenkuchen usw. In der Erforschung der Aphrodisiaka schrecken manche Leute wirklich vor nichts zurück. Wenn solche Abenteuer Sie nicht in Furcht und Schrecken versetzen, und wenn es Ihnen gelingt, sich diese kleinen Wunderdinge zu verschaffen, soll Sie nichts daran hindern, es auszuprobieren. Wen die Vorstellung, diese zoologischen Köstlichkeiten zu schlucken, absolut nicht reizt, soll sich getrost an vielleicht weniger originelle, aber für Geist und Geschmackspapillen attraktivere Stimulantia halten.

Verzaubernder Fasan

Drei Sterne der Liebes-Kochkunst – der Fasan ist der König des Federviehs. Madame Dubarry zögerte niemals, ihn auf die Tafel zu bringen. Und was Brillat-Savarin betrifft, er transportierte ihn in seinen Taschen und wartete darauf, daß das Tier im richtigen Stadium war, um zubereitet zu werden. So weit müssen Sie aber nicht gehen ...

Für zwei Personen

1 Fasan
Butter
Petersilie
1 Zwiebel
Senfpulver
1 Knoblauchzehe
Ingwer
1 Ei
Milch
Brot
frischer Rosmarin
Portwein
Salz

Den in Stücke zerlegten Fasan zwei Stunden in Rotwein marinieren lassen. Abtropfen lassen und die Marinade aufheben. In einem gußeisernen Topf ein nußgroßes Stück Butter schmelzen lassen, Petersilie zufügen, eine gehackte Zwiebel, Salz, eine zerdrückte Knoblauchzehe und das Fleisch darin goldgelb anbraten. Dann aus dem Topf nehmen und warm stellen. Den Portwein zufügen und einkochen lassen. Abseits in einer Schüssel ein Ei verschlagen, ein Glas Milch zufügen, in dem zwei Scheiben Brot eingeweicht worden sind, gehackte Petersilie zugeben, Ingwer- und Senfpulver. Das Fleisch wieder in den Topf legen und diese Sauce darübergießen. Ungefähr eine Viertelstunde kochen lassen. Mit frischem Rosmarin bestreut servieren.

Donald Duck aus Bordeaux

Wenn er es nicht ist, dann eben sein Bruder ... Dieses ganz einfache Rezept wird deshalb nicht weniger Herz und Magen erfreuen. Ein sicherer Erfolg für die großen Schwäne wie für die häßlichen kleinen Entlein.

Für zwei Personen

1 junge Ente
10 Aprikosen
Ingwer
Salz, Pfeffer
50 g getrocknete Weinbeeren
Basilikum
Bordeaux-Wein

Die Aprikosen, die Weinbeeren und den Ingwer in einer Schüssel mit Bordeaux einweichen. Die Ente salzen und pfeffern, die Haut an mehreren Stellen aufstechen, damit das Fett ablaufen kann. Eine Stunde in einem gußeisernen Topf schmoren lassen. Ein kleines Glas Fett auffangen und die Ente warm halten. In den Topf den Wein gießen, den Sie aufgehoben haben, nachdem die Früchte abgetropft sind, das Entenfett zugeben, die kleingeschnittenen Aprikosen, die Weinbeeren und das Basilikum. Fünf Minuten kochen lassen. Die Ente zerteilen, mit der Sauce und den Früchten servieren.

Sanfte Truthenne

Dieses Rezept sei Ihnen besonders empfohlen, wenn Ihre sanfte Gefährtin eine Unschuld vom Lande ist, die ein Nichts in Furcht und Schrecken versetzt. Die kleine Truthenne wird die Schranken ganz allmählich eine nach der anderen verschwinden lassen, und das Objekt Ihres Begehrens wird Ihnen gebraten in den Mund fliegen.

Für zwei – ausgehungerte – Personen

1 ganz kleine Truthenne (Pute)	*Mehl*
1 große Zwiebel	*trockener Weißwein*
1 Orange	*Wodka*
3 Kartoffeln	*Petersilie*
5 Karotten	*Öl*
Gewürznelken	*Ingwer*
Muskatnuß	*Butter*

Die Pute mit Öl einreiben und möglichst über glühender Holzkohle grillen. Wenn Sie keinen Kamin oder Holzkohlengrill besitzen, nehmen Sie den Grill Ihres Backofens. Wenn die Pute goldbraun ist, legen Sie sie auf eine feuerfeste Platte, gießen ein Glas warmes Wasser und ein Glas Weißwein zu und geben sie eine halbe Stunde in den Ofen. Inzwischen die Kartoffeln schneiden, die ungeschälte Orange, die Zwiebel und den frischen Ingwer, alles in kleine Stücke. Fünf oder sechs Gewürznelken und einen Eßlöffel Muskatnuß an die Mischung geben. Die Pute aus dem Ofen nehmen und mit der Mischung füllen. Mit zwei Gläsern Weißwein begießen und wieder in den Ofen stellen. Zwei Stunden lang sanft braten lassen.

Drei Eßlöffel Mehl mit drei Eßlöffeln geschmolzener Butter vermengen und in einen kleinen Topf mit dem Bratsaft der Pute geben. Bei sanfter Hitze einkochen lassen. Einen Eßlöffel Wodka hinzufügen. Wenn die Pute gar ist, sie auf einem Bett von Petersilie servieren – die Gemüse bleiben im Innern – und diese Sauce dazu reichen.

Pans Wonne

Ein Rezept, das man zu zweit zubereiten kann, in einer Ecke vor dem Feuer, mit Liebe und Eifer. Um den Spieß zu drehen, genügt eine Hand, die andere kann großzügig zur Verfügung gestellt werden. Es ist so schön warm neben einem Holzkohlenfeuer ...

Für zwei Personen

1 junges Perlhuhn	*Rosmarin*
4 oder 5 Trüffeln	*Butter*
Speck in Scheiben	*Salz, Pfeffer*

Das Perlhuhn säubern und mit den Trüffeln füllen. Mit Rosmarin überpudern, salzen und pfeffern.

Den Vogel zusammenbinden und mit Speck umwickeln. Auf dem Spieß über einem Holzkohlenfeuer braten und von Zeit zu Zeit mit geschmolzener Butter übergießen.

Das Täubchen mit den Goldaugen

Er sagte zu mir: »Du bist mein Täubchen mit den Goldaugen.« Er sagte: »Koste, ich habe das alles für dich bereitet, um deine Augen vor Verlangen glänzen zu sehen.« Er sagte: »Iß, du bist schön, die Nacht gehört uns.« Er war Italiener, und ich habe nicht einmal den ersten Bissen richtig schlucken können ...

Für zwei Personen

1 kleines Huhn oder 1 Hähnchen
1 Zwiebel
1 Knoblauchzehe
Zimt
grüne Weintrauben
2 Äpfel
geröstete Erdnüsse
Öl
Butter
Salz, Pfeffer
Koriander

Das Hähnchen in Stücke zerlegen, das Öl in einen gußeisernen Topf geben und das Geflügel mit Salz, Pfeffer und einigen guten Fingerspitzen Koriander anbraten, bis es goldgelb ist. Warmes Wasser oder Bouillon zusetzen, so daß die Fleischstücke bedeckt sind, und bei schwacher Hitze fünfzehn Minuten kochen lassen. Abtropfen lassen und den Bratsaft aufheben. Ein nußgroßes Stück Butter schmelzen lassen und darin gehackte Zwiebel und Knoblauchzehe anbraten. Weintrauben zugeben, die geschälten und in Scheiben geschnittenen Kartoffeln, außerdem einen Teelöffel Zimt. Geflügelfleisch und ein großes Glas mit Bratsaft zusetzen. Zudecken und zwanzig Minuten sanft kochen lassen. Mit geriebenen gerösteten Erdnüssen bestreut servieren.

Lockere Krammetsvögel

In der Not frißt der Teufel bekanntlich Fliegen, aber dies hier ist ein außergewöhnlicher Abend, und die zarten kleinen Vögel werden Ihnen im Mund zergehen. Sämtliche Liebhaber der Welt werden es Ihnen versichern: Ein Krammetsvogel, und Ihre Schöne ist gefangen ...

Für zwei Personen

4 Krammetsvögel
Wacholder
Speck in Scheiben
Salz, Pfeffer

Die Krammetsvögel ausnehmen und je einen Wacholderzweig ins Innere stecken. Jeden Vogel mit einer Scheibe sehr dünnem Speck umwickeln. Die Krammetsvögel über Holzkohlenfeuer garen, etwa fünfzehn bis zwanzig Minuten, dabei ständig drehen.

Salzen, pfeffern und servieren.

Zwei Täubchen

Tauben sind sehr zärtliche Tiere. Diese wohlbekannte Eigenschaft hat ihnen einen angesehenen Platz unter den aphrodisischen Speisen verschafft. Und dieses Rezept eignet sich hervorragend für ein Tête-à-tête bei Kerzenschein. Dazu auf Ihrem Plattenspieler ein alter Sinatra. Gurren über Gurren, niemand kann so viel Romantik widerstehen.

Für zwei Personen

2 Tauben
5 kleine Zwiebeln
1 Selleriezweig
150 g Schweinebrust
Mehl
Butter
Petersilie
frischer Thymian
Lorbeerblatt
grüne Oliven
Salz, Pfeffer

Die Schweinebrust blanchieren. Abtropfen lassen, in Stücke schneiden, ein nußgroßes Stück Butter auslassen und das Fleisch darin anbraten. Warm halten. In denselben Topf die kleinen Zwiebeln geben und bräunen lassen. Mit dem Schweinefleisch warm halten. Wiederum in diesem Topf die Tauben anbraten, nachdem sie zusammengebunden worden sind; sie häufig wenden, bis sie gut goldgelb sind. Herausnehmen und warm halten. Das Schweinefett abgießen. Drei Eßlöffel davon aufheben und mit einem Teelöffel Mehl vermischen. Nach und nach ein Glas Wasser oder Bouillon zugeben, dabei ständig rühren, bis die Sauce eindickt. Salzen, pfeffern. Die Tauben wieder hineinlegen, ebenso das Schweinefleisch, die Zwiebeln, zwei Petersilienzweige, den Sellerie mit den Blättern, zwei

Zweige frischen Thymian und ein Lorbeerblatt. Zum Kochen bringen, zudecken und bei schwacher Hitze eine halbe Stunde kochen lassen. Eine Handvoll entkernte grüne Oliven zufügen und noch zehn Minuten kochen lassen.

Die Tauben auf eine Servierplatte legen, den Thymian, Lorbeerblatt und Sellerie entfernen. Die Tauben mit der Sauce begießen.

Warmes Kaninchen

Als Paradebeispiel sexbetonter Vierbeiner ist das Kaninchen schon immer von Liebenden sehr geschätzt worden. In welcher Sauce auch immer man es serviert, es wird stets seine sämtlichen Kräfte bewahren – zum größten Vergnügen der Damen …

Für zwei Personen

1 Kaninchen
2 Äpfel
50 g getrocknete Weinbeeren
50 g Pinienkerne
2 Zwiebeln
Zitrone
Curry
Bouillon
Cayennepfeffer
1 Knoblauchzehe
Mehl
Petersilie
Öl
Salz
Zucker

In einem großen gußeisernen Topf eine Knoblauchzehe und die feingehackten Zwiebeln bräunen lassen. Das Kaninchen in Stücke zerlegen und diese in dem Topf goldbraun werden lassen. Dann bei schwacher Hitze zwanzig Minuten braten lassen. Eine in Scheiben geschnittene Zitrone zufügen, eine Prise Cayennepfeffer, Salz, zwei oder drei Fingerspitzen Curry, einen Eßlöffel Zucker. Mit einem Glas Bouillon aufgießen. Zudecken und zehn Minuten bei schwacher Hitze kochen lassen. Die in Scheiben geschnittenen Äpfel dazugeben, die Pinienkerne und die Weinbeeren. Noch 10 Minuten garen lassen. Das Kaninchen auf eine Servierplatte legen. Wenn nötig, ein wenig Mehl an die Sauce geben, damit sie nicht zu dünn ist, und über das Fleisch gießen. Mit Petersilie garnieren.

Übergeschnapptes Wildschwein

Falls Ihr Geliebter Obelix oder Asterix ähnelt, kann er von einer Wildschwein-Kur nur profitieren. Die alten Gallier mußten nicht erst auf uns warten, um dieses Wild der Wälder zu rühmen, dessen Aggressivität seine Wirksamkeit zu garantieren scheint.

Für zwei Personen

700 g Wildschweinbraten	*Gewürznelken*
1 Zwiebel	*Petersilie*
2 Karotten	*Majoran*
1 Knoblauchzehe	*Heckenrosenkonfitüre*
Cayennepfeffer	*Rotwein*
Lorbeerblatt	*Thymian*
Wacholderbeeren	*Bouillon*

Den in Stücke geschnittenen Wildschweinbraten in eine Tonschale legen. In einen Topf drei Gläser Rotwein gießen, Thymian, Lorbeerblatt, geschnittene Zwiebel und Majoran zugeben, ebenso Petersilie und Cayennepfeffer. Erwärmen, dann wieder abkühlen lassen und über das Wildschwein gießen. Zudecken und einen Tag im Kühlen stehen lassen.

Die Wildschweinstücke herausnehmen, trocknen und in einem Topf in einer Mischung aus Bouillon und Rotwein kochen lassen, der Sie zwei Karotten, eine zerdrückte Knoblauchzehe, zwei oder drei Gewürznelken und einige Wacholderbeeren zugegeben haben. Zwei Stunden lang sanft kochen lassen, bis das Fleisch gut weich ist. Mit der Heckenrosenkonfitüre servieren.

Entfesselte Ente

Mit Oliven entzückt sie; mit Orangen bringt sie aus der Fassung; mit Ananas läßt sie dahinschmelzen; mit weißen Rüben besiegt sie jeden Widerstand; mit Kirschen stimmt sie heiter; aber mit Pfirsichen haben Sie das alles auf einmal. Wirklich außergewöhnlich!

Für zwei Personen

1 Ente
3 Pfirsiche
1 große Traube mit blauen Weintrauben
Butter
Essig (aus Apfelwein)
Zitrone
Zucker
Gelee royale
frischer Ingwer
Pfirsichnektar
Champagner
Salz, Pfeffer

Die Ente braten, nachdem sie gesalzen, gepfeffert und mit frischem Ingwerpulver eingerieben worden ist. Inzwischen die Pfirsiche und die Traube in Champagner marinieren. In einem Topf ein gut nußgroßes Stück Butter mit vier Eßlöffeln Zucker vermischen. Rühren, bis die Mischung braun wird. Ein kleines Glas Apfelessig und den Saft einer halben Zitrone zugießen und weiter rühren, bis die Mischung auf die Hälfte eingekocht ist. Den Bratsaft der Ente dazugeben und den zerstoßenen Ingwer, ebenso ein Glas Pfirsichnektar und einen Eßlöffel Gelee royale. Einige Minuten sanft kochen lassen. Falls nötig, ein wenig Maismehl zufügen, um das Ganze einzudicken. Endlich die Pfirsiche unterziehen, die Trauben und den Champagner und noch einige Minuten kochen lassen. Die Ente zerteilen, mit der Sauce begießen und den Früchten garnieren.

Ein Täubchen, das schändet …

Sozusagen ein Explosivrezept! Dringend zu empfehlen, wenn Ihr Partner zurückhaltend, skeptisch oder auch bloß brummig ist. Sie werden das Ungeheuer auftauchen sehen, das in ihm steckt, und wenn Sie sich dann entschließen, aus Angst vor Vergewaltigung um Hilfe zu schreien, wird es zu spät sein. In diesem Fall werden Sie nicht das Täubchen sein, aber was macht das schon …

Für zwei Personen

2 junge Tauben	*Knoblauch*
100 g Schweinebrust	*Basilikum*
150 g Champignons	*Petersilie*
Butter	*Kerbel*
1 kleine Schalotte	*Sauternes*
1 Zwiebel	*Zitrone*
Thymian	*Salz, Pfeffer*

Die Schweinebrust in Stücke schneiden und in einem eisernen Topf in einem zerlassenen nußgroßen Stück Butter anbraten. Das Fleisch herausnehmen und warm halten. Die Täubchen in das Schweinefett geben, dazu die gehackte Zwiebel, die Champignons, Salz, Pfeffer, und einige Minuten kochen lassen. Thymian, Basilikum, die kleine Schalotte, Petersilie, Kerbel und eine gehackte Knoblauchzehe beifügen. Zwei Gläser Sauternes darübergießen, bedecken und für 35 Minuten in den vorgewärmten Ofen stellen. Das Schweinefleisch dazugeben, den Saft einer Zitrone und die Sauce über die Täubchen gießen. Warm servieren.

Hähnchen à la Epikur

Ein köstliches Rezept, das man nur dem Mann oder der Frau seines Lebens vorsetzen sollte. Ich kann Ihnen versichern, daß immer davon träumen wird, wer es einmal gekostet hat.

Für zwei Personen

1 Hähnchen	*geschälte Mandeln*
4 Tomaten	*geriebene Kokosnuß*
1 Zwiebel	*Butter*
1 Knoblauchzehe	*Mehl*
Ingwer	*Cognac*
Crème fraîche	*Salz, Pfeffer*

Das Hähnchen zerteilen und die Stücke in einem gut nußgroßen Stück zerlassener Butter anbraten. Wenn sie gut gebräunt sind, herausnehmen und warm halten. Dann in der Butter eine gehackte Zwiebel und eine Knoblauchzehe bräunen lassen. Die Hähnchenstücke wieder hineingeben und ein kleines Glas Cognac zugießen, Salz, Pfeffer, die in Viertel geschnittenen Tomaten, einen Eßlöffel Ingwer, die geschälten Mandeln, die Kokosnuß und ein Glas Wasser zugeben. Zudecken und eine Viertelstunde kochen lassen. Einen Eßlöffel Mehl mit drei Eßlöffeln Crème fraîche vermischen und an die Sauce geben. Ständig rühren, bis zum Aufkochen, dann noch fünf Minuten sanft köcheln lassen. Warm servieren.

Orient-Expreß

Diese orientalische Ente wird Herzen und Körper schmelzen lassen. Servieren Sie auf einem niedrigen Tisch, mit Sake-Wein. Essen Sie, einen Kimono auf der nackten Haut, und träumen Sie von chinesischen Nächten ...

Für zwei Personen

1 Ente
50 g schwarze Pilze
500 g Kastanien
150 g Speck
1 Schalotte
frischer Ingwer
1 Knoblauchzehe
Bambussprossen
Reiswein
Sojasauce
Reis

Die Ente in kleine Stücke schneiden, ebenso den Speck. Die Pilze in ein wenig Reiswein tauchen. Die Enten- und Speckstücke in einen großen gußeisernen Topf geben.

Die Schalotte hacken, den Ingwer in feine Scheiben schneiden und zum Fleisch geben. Die Kastanien schälen und mit in den Topf geben, dazu eine Knoblauchzehe, ein Glas Sojasauce, zwei Gläser Reiswein, zwei Gläser Wasser, die Pilze und eine kleine Büchse Bambussprossen.

Das Ganze aufkochen lassen, dann 40 Minuten bei schwacher Hitze weiterkochen lassen. Mit weißem Reis servieren.

Ein schönes Wachtelpaar

Ah! Die kleinen Wachteln, so zart und fleischig, ganz nach Wunsch! Sie werden stolz darauf sein, meine Herren. Was Ihre sanften Begleiterinnen anbetrifft – sie werden verrückt danach sein und sie nur unter Erröten in ihre kleinen Hände nehmen können, um sie zum Mund zu führen ... Nichts kommt einem Paar Wachteln gleich.

Für zwei Personen

4 Wachteln	*1 Knoblauchzehe*
1 Zwiebel	*Ingwer*
200 g Geflügelleber	*Thymian*
Öl	*Oregano*
Cognac	*Butter*
Salz, Pfeffer	

Die Wachteln vorbereiten. Mit ein wenig Öl begießen, mit Thymian überstäuben und braten.

Inzwischen die feingehackte Zwiebel in einer Mischung aus Butter und Öl anbraten. Die Geflügelleber in einen Topf mit kochendem Wasser geben und drei Minuten kochen lassen. Herausnehmen, abtropfen lassen und eine Minute in die Pfanne mit der Zwiebel geben. In eine Terrine umfüllen. Die Geflügelleber und die Zwiebel zerdrücken, eine kleine Knoblauchzehe zufügen, eine Prise Ingwer und Oregano und ein paar Tropfen Cognac. Salzen, pfeffern. Wenn die Wachteln gar sind, mit dieser Mischung füllen. Zu je zweien auf einem Weinblatt servieren.

Rindfleisch, ganz heißblütig

Das Rindfleisch hat seine Verteidiger und seine Verleumder. Die einen lieben es roh, die anderen gekocht. Die sexuelle Potenz, die dem Stier zugeschrieben wird, ist sicher mitbeteiligt an dieser Aura, mit der das rohe Fleisch umgeben wird. Jedenfalls können nur sehr wenige einem schönen Steak, fast oder halb roh, widerstehen, und noch weniger einem delikaten Rezept auf der Basis von Rindfleisch, das mit ganz und gar unehrenhaften Absichten zubereitet worden ist.

Für zwei Personen

600 g Rindfleisch
4 Tomaten
1 Selleriezweig
2 Nelkenpfeffer
1 Zwiebel
1 Knoblauchzehe
Öl
Paprika
Oregano
Thymian
Salz, Pfeffer

Das Fleisch in Stücke schneiden. In einem großen gußeisernen Topf mit gehackter Zwiebel in ein wenig Öl anbraten.

Eine Knoblauchzehe zufügen, die in feine Scheiben geschnittenen Nelkenpfeffer, Tomaten und Sellerie, in feine Scheiben geschnitten, Salz, Pfeffer, einen Teelöffel Paprika, eine oder zwei Fingerspitzen Thymian und Oregano, außerdem ein Glas warmes Wasser. Zudekken und bei schwacher Hitze eine Stunde kochen lassen, dabei von Zeit zu Zeit umrühren.

Adams Rippen

Chinesen und Türken schätzen ganz besonders das Fleisch von Hammel, Lamm und Widder, denen sie außergewöhnliche stimulierende Kräfte zuschreiben. Sie haben sicher nicht ganz unrecht; schließlich hat vor einigen Jahren ein Schweizer Mediziner seinen reichen und berühmten Patienten, die zu ihm kamen, um sozusagen eine zweite Jugend zu erlangen, eine Behandlung auf der Basis embryonaler Zellen junger Schafe verordnet. Was kann man besseres anführen, um ein solches Tier zu verteidigen? Essen Sie es, Sie werden zum Wolf werden.

Für zwei Personen

4 Lammkoteletts
4 Scheiben roher Schinken
2 Zwiebeln
Petersilie
Lorbeerblatt
Basilikum
2 Gewürznelken
Koriander
Cognac
Butter

Die Koteletts in sehr feine, rohe Schinkenscheiben einwickeln. In einem großen Topf die in sehr feine Scheiben geschnittenen Zwiebeln in ein wenig Butter anbraten. Petersilie zugeben, ein Lorbeerblatt, eine Fingerspitze Basilikum, zwei oder drei Fingerspitzen Koriander und zwei Gewürznelken. In dieser Mischung bei lebhafter Hitze die Koteletts braten, dann noch einige Minuten in ihrem eigenen Saft ziehen lassen, einen Eßlöffel Cognac dabei zugießen. Mit der Sauce servieren.

Liebe in der Mandschurei

Die Chinesen haben das Schwein immer geachtet. Und wenn die Europäer auch genau das Gegenteil zu tun scheinen, indem sie aus seinem Namen ein Schimpfwort gemacht haben, erweisen sie diesem Verwandten des Wildschweins doch nicht weniger Ehre: Sie essen es in sämtlichen Formen und nach allen Zubereitungsarten. Und Bodil Jensen, dieser junge Nordländer, der sich mit einem Schwein vor einem Fotografen »kompromittiert« hat, hat überzeugend demonstriert, daß es nicht nötig ist, der S.P.A. anzugehören, um das Ferkel zu lieben. Ohne so weit gehen zu müssen, meine Damen, begnügen Sie sich damit, den Mann Ihres Lebens zu lieben ... aber wecken Sie das, was in ihm steckt.

Für zwei Personen

600 g Schweinefleisch
frischer Ingwer
Bambussprossen
30 g schwarze Pilze
Zucker
Sojasauce
Öl
1 Knoblauchzehe
1 Schalotte
2 Eier
Salz, Pfeffer
Reiswein
Reis

Die Pilze in eine Mischung aus Wasser und Reiswein legen. Das Schweinefleisch in hauchdünne Scheiben schneiden, ebenso den Ingwer, und in einer tiefen Pfanne in ein wenig Öl anbraten. Einen Eßlöffel Sojasauce, vermischt mit einem Teelöffel Zucker, über das Fleisch gießen und umrühren. Eine zerdrückte Knoblauchzehe beigeben, die in Scheiben geschnittenen schwarzen Pilze, die Schalotte und die Bambussprossen. Einige Minuten kochen lassen. Inzwischen die Eier verschlagen und in einer kleinen Pfanne Rührei bereiten. Nicht ganz durchbraten lassen und unter das Schweinefleisch mischen. Salzen, pfeffern. Noch eine oder zwei Minuten kochen lassen. Warm servieren, auf weißem Reis anrichten.

Das goldene Kalb

Hier ein Kalb, das nicht mehr viel Zeit haben wird zu wachsen. Sie werden nicht das gleiche sagen können, meine Damen, von dem »besten Stück« Ihres Geliebten, wenn Sie ihm dieses köstliche Mahl serviert haben.

Für zwei Personen

2 Kalbsschnitzel	*Cayennepfeffer*
4 Tomaten	*1 Knoblauchzehe*
50 g Champignons	*1 Zwiebel*
2 Scheiben Schinken	*Öl*
grüne Oliven	*Butter*
Lorbeerblatt	*Mehl*
Thymian	*Salz, Pfeffer*
Petersilie	

Den Schinken in einer Pfanne anbraten. Das Fett abgießen. Eine gehackte Zwiebel hineingeben, die in Scheiben geschnittenen Champignons, ein wenig Öl, und fünf Minuten braten lassen. Dann die zerschnittenen Tomaten zufügen, eine zerdrückte Knoblauchzehe, ein Lorbeerblatt, ein Thymianzweig, etwas Petersilie, eine Handvoll Oliven und zwei Fingerspitzen Cayennepfeffer. Salzen, pfeffern und bei sanfter Hitze zwanzig Minuten garen lassen.

Ein nußgroßes Stück Butter in einer Pfanne schmelzen lassen, die Schnitzel in Mehl wenden und bei starker Hitze braten. Die Sauce zugeben und noch zehn Minuten sanft kochen lassen.

Aphrodites Leckereien

Diese kleine Schelmin verstand es wirklich, mit dem starken Geschlecht umzugehen. Wenn Sie ihr nicht nachstehen wollen, versuchen Sie es einmal mit diesem phantastischen Rezept ...

Nebenbei gesagt: Es verfehlt auch nicht seine Wirkung auf das sogenannte schwache Geschlecht!

Für zwei Personen

600 g Rindfleisch	*Apfelessig*
8 getrocknete Feigen	*Zimt*
50 g getrocknete Weinbeeren	*Butter*
1 Zwiebel	*Öl*
30 g Mandeln	*Mehl*
2 Karotten	*Salz, Pfeffer*
Honig	

Das Fleisch in Würfel schneiden und in einer Mischung aus Öl und Butter anbraten. Salzen und pfeffern. Das Fleisch herausnehmen und warm halten. In dieselbe Pfanne eine in Scheiben geschnittene Zwiebel und die in Rondelle geschnittenen Karotten geben. Einen Eßlöffel Mehl zufügen, einen Teelöffel Zimt, ein kleines Glas Apfelessig und einen Eßlöffel Honig. Salzen, pfeffern. Das Rindfleisch in diese Sauce legen. Ein Glas Wasser zugießen und drei Viertelstunden garen lassen. Zehn Minuten vor Ende der Kochzeit die Weinbeeren zugeben, die Feigen und die Mandeln.

Cupidos Rippen

Sie werden Ihnen nicht im Halse stecken bleiben! Sie lassen sich abnagen, besonders gut zu zweit, und nichts hindert Sie, das in Ihrem Bett zu tun: Eine Rippe für dich, eine Rippe für mich, eine Rippe für Cupido ... bis der Vorrat erschöpft ist – oder Ihre Phantasie.

Für zwei Personen

1 kg Schweinerippen
Orangenkonfitüre
Sojasauce
Pfeffer
Ingwerpulver
Zitrone
Knoblauch
Zimt
Reiswein
Reis

Die Rippen in ungefähr fünf Zentimeter breite Partien zerschneiden und auf eine feuerfeste Platte legen, mit der Wölbung nach oben. Eine halbe Stunde im vorgewärmten Ofen lassen, umdrehen und nochmals eine halbe Stunde im Ofen braten.

Inzwischen ein Glas Sojasauce mit vier Eßlöffeln Orangenkonfitüre, einer Prise Pfeffer, einer Fingerspitze Zimt und Knoblauchpulver und einem Eßlöffel Reiswein vermengen. Diese Sauce über die Rippen gießen und noch für eine Viertelstunde in den Ofen stellen. Mit weißem Reis, Zitrone und Jasmintee servieren.

Der Wolf und das Lamm

Das Lamm ist auf Ihrem Teller. Aber wo ist der Wolf? Werden Sie mich fragen. Wenn Sie ihn wirklich nicht finden sollten, nachdem Sie dieses köstliche Gericht verschlungen haben, können Sie sich eigentlich nur noch in ein Kloster zurückziehen.

Für zwei Personen

1 kleine Lammkeule ohne Knochen
1 Zwiebel
Ingwer
Koriander
Gewürznelken
Salz
weißer Pfeffer
2 grüne Zitronen
Zucker, Zimt
Kardamom
Kümmel
4 Bananen
Öl

Die Lammkeule in größere Stücke zerschneiden. Die Stücke in ein wenig Öl anbraten, eine feingehackte Zwiebel dazugeben, einen Eßlöffel Ingwerpulver, einige Korianderkörner, fünf oder sechs Gewürznelken, wenig Salz und Pfeffer, eine gute Fingerspitze Kümmel und Kardamom und einen Teelöffel Zimt. Fünfzehn Minuten kochen lassen und ein Glas Wasser zugießen. Inzwischen in einem kleinen Topf vier Eßlöffel Zucker in einem Glas Wasser auflösen. Bei schwacher Hitze kochen lassen. Abkühlen lassen. Den Saft von zwei grünen Zitronen dazugießen. Etwas von dieser Mischung über das Fleisch gießen und noch eine Viertelstunde garen lassen. Die Bananen in Hälften schneiden und in den restlichen Sirup tauchen. Kurz vor dem Servieren den übrigen Sirup über das Fleisch gießen. Mit den Bananen garnieren.

Wollüstige Zunge

Eine originelle Art, aufs Ganze zu gehen. Die Rinderzunge hat, so scheint es, geradezu umwerfende Eigenschaften. Also ziehen Sie sie heraus ... die Zunge natürlich!

Für zwei Personen

500 g Rinderzunge
1 Selleriezweig
frischer Ingwer
2 Karotten
30 g geröstete Haselnüsse
Sojasauce
1 Knoblauchzehe
Öl
Mehl
Cognac
Salz, Pfeffer

In einem gußeisernen Topf in ein oder zwei Eßlöffeln Öl eine Knoblauchzehe anbraten. Die Knoblauchzehe entfernen, wenn sie sich verfärbt hat.

Sellerie und Karotten in kleine Stücke schneiden und gleichzeitig mit dem Fleisch in den Topf geben. Salzen und pfeffern. Den in feine Scheiben geschnittenen Ingwer zugeben, einen Eßlöffel Sojasauce, einen Eßlöffel Mehl und ein wenig Wasser. Einige Minuten kochen lassen. Einen Eßlöffel Cognac zugeben. Warm servieren, mit gerösteten Haselnüssen garniert.

Das Goldene Vlies

Ob Ihre Gespielin blond oder dunkel ist, spielt keine große Rolle. Es wird Sie nicht daran hindern, dieses kleine Wunder zu genießen, das Sie verleiten wird, es wie Jason zu machen und auf die Suche nach diesem sagenhaften Vlies zu gehen ...

Für zwei Personen

500 g Lammfleisch	*1 Knoblauchzehe*
500 g Rindfleisch	*Thymian*
1 Zwiebel	*Lorbeerblatt*
20 Weinblätter	*Gelee royale*
2 Eigelb	*Zitrone*
Petersilie	*Butter*
Aniskörner	*Bouillon*
Minze	*Salz, Pfeffer*

Die Weinblätter blanchieren, dann abtropfen lassen. Lamm- und Rindfleisch ganz klein schneiden, mit Zwiebelstücken vermengen. Einige zerstoßene Aniskörner, gehackte Petersilie und Minze, eine zerdrückte Knoblauchzehe zugeben, mit Thymian und zerbröseltem Lorbeerblatt überstreuen. Salzen. Einen Teelöffel Gelee royale dazugeben. Jedes einzelne Weinblatt mit dieser Mischung füllen – zwei Blätter nehmen, falls sie sehr klein sind – und durch Falten verschließen. In einen großen gußeisernen Topf, dessen Boden Sie gebuttert haben, hineinlegen, die geschlossene Seite nach unten. Zwei Gläser Bouillon angießen und bei schwacher Hitze eine halbe Stunde kochen lassen.

Inzwischen die Eigelb verquirlen und den Saft einer

Zitrone dazugeben. Zwei Gläser warme Bouillon an diese Mischung gießen und ständig rühren. Zehn Minuten im Wasserbad lassen, bis die Sauce dicklich geworden ist. Salzen, pfeffern.

Die gefüllten Weinblätter aus dem Topf nehmen, mit der Sauce begießen und sehr heiß servieren.

Das Geheimnis der sechzig Eier

Das Ei, mehr noch als das Hähnchen, ist die wahre Segnung für einen erschöpften Penis. Casanova hat seine Tugenden gerühmt, die alten Chinesen haben es verehrt, die Griechen es angebetet – Eros wurde aus einem Ei geboren –, die Araber haben es allen Saucen beigegeben, und was die Römer betrifft – sie betrachteten es als eindeutige Aufforderung, einen Mann zu fragen, ob er ein Omelett wolle oder ein Spiegelei bevorzuge.

Das Ei, ganz gleich, ob Hühner-, Enten- oder Taubenei, braucht also nichts mehr unter Beweis zu stellen, Sie können es verwenden, mäßig oder unmäßig, als Hors-d'oeuvre, Zwischengericht oder ganz einfach zur Erholung, wenn Ihr Geliebter nicht Haltung bewahrt. Hier also drei Rezepte, wahre Liebestrankversionen für Tristan und Isolde.

Wenn der Hahn kräht …

Der Hahn ist ein Tier, das sehr stolz auf seine Männlichkeit ist. Wenn Sie die Seele eines Hühnchens haben, tischen Sie Ihrem Geliebten dieses Gericht auf. Aber wundern Sie sich nicht, wenn er danach bei der Liebe triumphierend kräht!

Für zwei Personen

6 Eier
2 Scheiben roher Schinken
Essig
Cayennepfeffer
Zucker
Zimt
Butter

In einem zerlassenen, gut nußgroßen Stück Butter die Schinkenscheiben anbraten. Einen Teelöffel karamelisierten Zucker zufügen, einen Teelöffel Essig und eine gute Fingerspitze Zimt. Diese Mischung auf eine feuerfeste Platte geben und die Eier darüber aufschlagen. Reichlich pfeffern. Im vorgewärmten Ofen garen.

Schmeichelnde Eier

Ein sanftes Rezept, das Ihnen gute Dienste erweisen wird bei Ihrem Vielgeliebten, wenn er nur einen luftigen Hausmantel anhat. Eine Einladung zu Zärtlichkeiten ...

Für zwei Personen

150 g Champignons	*1 Zwiebel*
8 Eier	*Öl*
8 Crevetten	*Sojasauce*
1 Selleriezweig	*Ginseng*
Petersilie	*Salz, Pfeffer*

Die feingehackte Zwiebel in einer großen Pfanne anbraten. Vom Herd nehmen und abkühlen lassen.

Die Eier aufschlagen. Salzen, pfeffern. Sellerie und Champignons in sehr feine Scheiben schneiden und unter die verschlagenen Eier ziehen. Gehackte Petersilie zugeben, die Crevetten, einen Eßlöffel Sojasauce, Ginseng und ein wenig Wasser.

Noch Öl in die Pfanne geben. Die Zwiebelstückchen unter die Eimischung geben und das Ganze in kleinen Mengen in die Pfanne schöpfen, so daß kleine Krapfen entstehen. Diese Krapfen von beiden Seiten braten und sehr warm servieren.

Versuchung

Diese Explosiv-Mischung hat mir ein attraktiver Hidalgo verraten, der absolut nichts gegen Eier hatte!

Für zwei Personen

6 Eier
50 g Champignons
2 Tomaten
1 Zwiebel
1 kleiner Nelkenpfeffer
Petersilie
Butter
Zucker
Paprika
Kapern
Chilipulver
Senfpulver
Orangenschale
Salz
Milch

Zwei nußgroße Stück Butter in einer Pfanne schmelzen lassen. Kleingehackte Zwiebel und Nelkenpfeffer zugeben und goldgelb werden lassen. Die in Scheiben geschnittenen Tomaten, die Champignons, einen Teelöffel Zucker, zwei Fingerspitzen Chilipulver, Salz, eine oder zwei Fingerspitzen Paprika und Senfpulver, gehackte Petersilie und die Kapern zugeben. Eine Viertelstunde kochen lassen. Die Eier verschlagen, zwei Eßlöffel Milch und etwas Salz zufügen. Ein wenig Butter in einer Pfanne zerlaufen lassen und die Eier hineingießen. Mit geriebener Orangenschale überstreuen und wie ein Omelett zubereiten. Aus der Pfanne nehmen und auf eine Platte geben. Die Hälfte der Sauce über das Omelett gießen. Zusammenklappen und mit der restlichen Sauce begießen.

Und ein Hauch Exotik …

Für die unbeirrbaren Anhänger alles Exotischen, für diejenigen, die einfach nicht glauben können, daß man in der Liebe mit Einfachheit manchmal am weitesten kommt, für alle, die ihre(n) Geliebte(n) verblüffen wollen, für alle, die das Herz im Bauch haben, für die Neugierigen, die Abenteurer, die unentwegt Forschenden habe ich einige ganz spezielle Rezepte aufgestöbert.

Sie werden manchmal Mühe haben, die notwendigen Zutaten zu bekommen, aber gerade diese Suche macht das Spiel pikant. Viel Glück!

Süße Sünde

Für wen die Schlangen sind? Für Sie, schöne Dame. Aber keine Sorge, sie liegen auf Ihrem Teller, so friedlich wie das sanfteste der Lämmer. Sie werden Sie nicht beißen – aber kann man das von Ihrem Partner auch behaupten, der gerade beginnt, sich gefährlich um Sie herumzuringeln ...

Für zwei Personen

1 Schlange (1 kg)	*4 Eigelb*
3 Schalotten	*Zitrone*
Petersilie	*Erdnüsse*
Lorbeerblatt	*Salz, Pfeffer*
Thymian	*Weißwein*
Salbei	*Öl*
Estragon	

Die Schlange in dicke Scheiben schneiden, nachdem Sie die Haut und sämtliche Widerhäkchen entfernt haben.

Die Stücke in etwas Öl braten, die gehackten Schalotten zugeben und fünf Minuten braten lassen. Petersilie zufügen, Estragon, Thymian, Lorbeerblatt und Salbei, alles möglichst frisch. Salzen, pfeffern. Noch einige Minuten garen lassen, dann zwei Gläser Weißwein angießen. Die Eigelb mit ein wenig Bratsaft verschlagen und langsam dazugießen, dabei ständig rühren. Den Saft einer Zitrone darangeben. Noch zehn Minuten garen lassen. Auf eine Servierplatte umfüllen, abkühlen lassen und vor dem Servieren mit Erdnußsplittern bestreuen.

Verbotener Karibu

Sie brauchen weder Fausthandschuhe noch Anorak. Dieser Karibu wird Sie wärmen, und wenn das nicht genügt, wird sich Ihre kleine Eskimofrau ein Vergnügen daraus machen, Ihre erstarrten Glieder aufzuwekken. Mäßigen Sie also Ihre Hitzewallungen, sonst schmilzt noch das ganze Iglu.

Für zwei Personen

880 g Karibufleisch
Karibufett
4 Kartoffeln
5 kleine Zwiebeln
Paprika
Gewürzmischung
3 Gewürznelken
Lorbeerblatt
1 Knoblauchzehe
Ginseng
Salz, Pfeffer
Johannisbeerkonfitüre
Zitrone

Das Fleisch in Stücke schneiden. In einem gußeisernen Topf in dem Karibufett anbräunen lassen. Zwei große Gläser warmes Wasser angießen, den Saft einer Zitrone, eine Knoblauchzehe, die kleinen Zwiebeln, das Lorbeerblatt, drei Gewürznelken und zwei oder drei Fingerspitzen Paprika dazugeben, mit der Gewürzmischung und geriebenem Ginseng überstreuen. Salzen, pfeffern. Zudecken und eineinhalb Stunden kochen lassen. Die geschälten und in Stücke geschnittenen Kartoffeln dazugeben und eine halbe Stunde kochen lassen. Warm servieren, Johannisbeerkonfitüre dazu reichen.

Der König der Prärie

Sie müssen sich nicht in ein Panther- oder Löwenfell kleiden, auch nicht Ihr Apartment in einen Dschungel verwandeln oder die Vorhänge hochklettern, um Ihre Partnerin zu verführen, obwohl sie das sicher überraschen würde und die Überraschung bekanntlich das Salz der Erotik ist. Aber es genügt, ihr zu sagen: »Ich, Tarzan; du, Jane!« Sie wird verstehen.

Für zwei Personen

800 g Löwenleber
150 g Löwenniere
200 g Pilze
50 g Speck
1 Zwiebel
2 Schalotten
Petersilie
Thymian
Salbei
Paprika
Cayennepfeffer
2 Gewürznelken
Lorbeerblatt
Zitrone
Rotwein
Öl
1 Ei
Crème fraîche
Salz, Pfeffer

Die Löwenleber eine Stunde lang in zwei Gläsern Rotwein marinieren lassen. Sorgfältig abtropfen.

Die Pilze, eine kleingeschnittene Zwiebel, zwei kleingeschnittene Schalotten, Petersilie, ein wenig Thymian, Lorbeerblatt, Salbei, Paprika, Salz, Cayennepfeffer mit der in Stücke geschnittenen Niere und der Leber vermischen. Alles durch den Fleischwolf drehen. Ein Eigelb zugeben, um die Masse zu binden. Einen großen Löffel dieser Mischung auf eine Speckscheibe geben und mit dieser umrollen. Auf diese Weise die ganze Masse verbrauchen.

Die gefüllten Speckscheiben in ein wenig Öl in einen gußeisernen Topf geben. Den Wein der Marinade dazugießen, zwei Gewürznelken zufügen, zwei Scheiben Zitrone, Salz und Pfeffer. Zudecken und bei schwacher Hitze eine halbe Stunde kochen lassen. Das Fleisch dann auf eine Servierplatte geben. Zwei Eßlöffel Crème fraîche an die Sauce geben, außerdem eine Fingerspitze Paprika. Aufkochen lassen und über das Fleisch gießen.

Eros' Federbusch

Das Eichhörnchen, dieses niedliche kleine Tier unserer Wälder, besitzt überraschende Eigenschaften, die aus ihm ein sehr begehrtes Liebesmahl machen. Auf jeden Fall beweist es erstaunliche Spannkraft. Heben Sie es für denjenigen Ihrer Liebhaber auf, der das nötig hat ...

Für zwei Personen

1 Eichhörnchen	*1 Knoblauchzehe*
1 Traube blaue Weintrauben	*8 Kumquats*
Ingwer	*Butter*
Curry	*1 Zitrone*
Thymian	*Weißwein*
Oregano	*Kumquatsaft*
1 Zwiebel	*Mehl*

In einer Schüssel ein Glas Weißwein, den Saft einer Zitrone, eine zerdrückte Knoblauchzehe, eine gehackte Zwiebel, etwas Thymian, Oregano, einen Teelöffel Curry, einen Teelöffel Ingwer und ein Glas Kumquatsaft miteinander vermischen und darin das in Stücke geschnittene Eichhörnchen drei Stunden marinieren.

Abtropfen lassen und die Sauce aufheben. In einem gußeisernen Topf ein wenig Butter schmelzen lassen, das Fleisch zugeben und bräunen lassen, dann die Marinade zufügen, außerdem zwei Eßlöffel Mehl. Wenn die Mischung dicklich geworden ist, zudecken und bei schwacher Hitze drei Viertelstunden kochen lassen. Zehn Minuten vor Ende der Kochzeit die Kumquats und die Weintrauben zugeben.

Liebestolle Antilope

Sie läuft und läuft, die Antilope, und wenn es Ihnen gelingt, sie einzufangen, wird sie Ihnen ein ganzes Jahr lang Gesundheit und Manneskraft verleihen. Das behaupten jedenfalls die jungen Afrikaner. Probieren Sie es aus!

Für zwei Personen

1 kg Antilopenkeule	*Muskatnuß*
Erdnußöl	*Safran*
2 Orangen	*Portwein*
Mehl	*Mandeln*
Cayennepfeffer	*Butter*
1 Knoblauchzehe	*Salz*
1 Zwiebel	

Die Antilopenkeule in sehr feine Scheiben schneiden. Aus den Knochen und dem Fett einen halben Liter Bouillon kochen. In einem kleinen gußeisernen Topf 100 Gramm Butter mit zwei Eßlöffeln Mehl vermengen, dick werden lassen, dann langsam die Bouillon zugießen, so daß eine ölige Sauce entsteht. Zwei geschälte, in Scheiben geschnittene Orangen zugeben, ein kleines Glas Portwein, einen Teelöffel Muskatnuß, eine Fingerspitze Safran, eine gehackte Knoblauchzehe und Zwiebel, Salz und Cayennepfeffer. Sanft kochen lassen.

In einer anderen Pfanne die Fleischscheiben in ein wenig Öl braten. Dann auf eine Servierplatte geben und mit der Sauce begießen. Mit geschälten und zerkleinerten Mandeln bestreuen.

Das achte Weltwunder

Die weißen Nieren, wie man sie in Europa schamhaft nennt, bilden *das* aphrodisische Mahl *par excellence.* Wer Stier sagt, meint Sex, Leidenschaft und Manneskraft, und wenn es sich noch dazu um die Hoden des Stieres handelt ... Diese kleinen Kugeln stecken voller männlicher Hormone. Die Orientalen wissen das schon lange und behaupten, daß man sie roh essen müsse. Ohne so weit zu gehen, können Sie trotzdem am achten Weltwunder teilhaftig werden.

Für zwei Personen

4 Stierhoden
Muskatnuß
Zimt
Majoran
Thymian
3 Gewürznelken
Öl
Mehl
roher Schinken
Salz, Pfeffer
1 Schalotte
Butter

Die Stierhoden eine Viertelstunde in Salzwasser kochen. Abtropfen und die Kochflüssigkeit aufheben.

In einer Pfanne in ein wenig Butter und Öl eine zerkleinerte Schalotte anbraten. Die Hoden halbieren und rasch anbraten. Herausnehmen und warm halten. In dieselbe Pfanne ein Glas Bouillon und ein wenig Mehl zum Eindicken geben, dazu drei Gewürznelken, eine gute Fingerspitze Zimt, Muskatnuß, Thymian und Majoran. Salzen und pfeffern. Jede Hodenhälfte in eine feine Scheibe rohen Schinken wickeln und zum Garen in die Sauce legen. Fünfzehn bis zwanzig Minuten bei schwacher Hitze kochen lassen. Kochendheiß und mit dem entsprechenden Lächeln servieren.

Glutvoller Schinken

Ein kleines Wunder, meine Damen, das Sie dem Mann Ihres Lebens vorsetzen sollten. Der Schinken wird ihm Kraft und Schwung zurückgeben und Ihnen bestätigen, daß das Schwein tatsächlich ein Glücksbringer sein kann ...

Für zwei Personen

1 kg roher Schinken
5 Bananen
getrocknete Weinbeeren
Olivenöl
2 Knoblauchzehen
2 Lorbeerblätter
2 Schalotten
Salz
Pfeffer
Weißwein
grüne Zitrone
Zimt
Oregano

Das Fett vom Schinken entfernen, dann in ein wenig Olivenöl anbraten. Zwei Knoblauchzehen mit in den Topf geben, eine Handvoll getrocknete Weinbeeren, zwei Lorbeerblätter, zwei gehackte Schalotten, Salz, Pfeffer, einige Fingerspitzen Oregano, ein Glas Weißwein und zwei Fingerspitzen Zimt. Mit zwei Gläsern Wasser aufgießen und eine Stunde garen lassen. Dann die geschälten und der Länge nach in Scheiben geschnittenen Bananen und den Saft von ein oder zwei grünen Zitronen zugeben. Warm servieren.

Freuden der Götter

Die alten Chinesen nannten sie »göttliche Früchte der Unsterblichkeit«, die Ägypter behielten sie ihren Pharaonen vor, und die Römer waren überzeugt, daß sie die Nahrung der Götter waren. Klein oder groß, Pilze sollten auf Ihrem Menüplan stehen, wenn Sie die Absicht haben, den Abend auf angenehme Art und Weise zu verlängern. Sie können sie zur »Einleitung« servieren, als Beilage zum Fleisch (am besten Steinpilze oder Morcheln) oder »solo«, zur »Erholung« wie hier:

Für zwei Personen

6 bis 10 Pilze
je nach Größe
2 Knoblauchzehen
Petersilie
Rosmarin
2 Eier
1 Scheibe getrocknetes Brot
Thymian
Lorbeer
Öl
Weißwein
Butter

Die Pilze säubern, das sandige Ende entfernen, Stiele von den Köpfen trennen. Die Stiele so fein wie möglich schneiden. Zwei zerdrückte Knoblauchzehen dazugeben, gehackte Petersilie, eine gute Fingerspitze Thymian, zerkrümeltes Lorbeerblatt und Rosmarin, zwei Eigelb, einen Schuß Öl und das in Weißwein eingeweichte Brot. Alles miteinander vermengen. Die Pilzköpfe mit dieser Mischung füllen und auf eine feuerfeste Platte setzen, auf jeden ein Stück Butter geben und eine halbe Stunde im Ofen bei mäßiger Hitze garen.

Die Keule des Jupiter

Man muß nicht Jupiters Schoß entstiegen sein, um diese delikate Keule zu schätzen. Sie können kräftig hineinbeißen und den köstlichen Geschmack genießen. Aber vorsichtig, verwechseln Sie sie nicht!

Für zwei Personen

---

1 kleine Lammkeule
frische Minze
frische Petersilie
Thymian
Rosmarin
Gewürznelken
Speckstreifen
Olivenöl
Salz
Pfeffer
Knoblauch
Feldthymian

In die Lammkeule etwa zehn genügend große Taschen schneiden und in diese einen kleinen Zweig Minze, ein wenig Petersilie, Thymian, Rosmarin, Feldthymian, ein oder zwei kleine Speckstreifen und eine Spur Knoblauch stecken. Die Keule salzen und pfeffern. Mit zwei oder drei Gewürznelken spicken, mit Olivenöl beträufeln und zwei Stunden an einem Spieß über Holzkohlenfeuer braten.

Wilde Leber

Sie wissen doch – manchmal kann nur die Leber noch retten. Sorgen Sie dafür, daß das geliebte Wesen an die Allmacht dieses Rezepts glaubt, ebenso wie gewisse Völkerstämme davon überzeugt sind, Kraft und Mut ihrer Feinde in sich aufzunehmen, wenn sie deren Leber verspeisen. Unterwerfen Sie sich also allen kriegerischen und so herrlich primitiven Leidenschaften ...

Für zwei Personen

500 g Geflügelleber
5 Eier
Kapern
Butter
Salz
Pfeffer
Muskatnuß
Semmelbrösel
Petersilie
Zitrone
1 gutes Glas Cognac

Die Lebern in Salzwasser kochen. Herausnehmen, wenn sie zart genug sind. Mit zwei hartgekochten Eiern durch den Mixer drehen. 50 Gramm geschmolzene Butter zufügen, zwei Eigelb, einen Eßlöffel Kapern, eine Prise Muskatnuß, ein wenig abgeriebene Zitronenschale. Drei Eiweiß zu Schnee schlagen und ebenso wie den Cognac zu dem Gemisch geben.

Eine feuerfeste Form ausbuttern und das Ganze hineingeben. Mit Semmelbröseln und gehackter Petersilie bestreuen. Eine halbe Stunde im heißen Ofen garen. Uff!

Waldesläuten

Ein Sprung hierhin, ein Sprung dorthin, und hopp – landet es direkt auf Ihrem Teller. Zögern Sie nicht, Ihrem Geliebten dieses »gepfefferte« Mahl vorzusetzen. Er wird vor Freude Sprünge machen!

Für zwei Personen

800 g Rehfleisch
einige Wacholderbeeren
1 Selleriezweig
Muskatnuß
Thymian
Lorbeerblatt
Gewürznelken
Öl
1 Zwiebel
1 Karotte
Senf

In eine feuerfeste Form ein wenig Öl geben. Das Rehfleisch salzen und pfeffern, mit einer Mischung aus Senf und zerdrückten Wacholderbeeren einstreichen, in die Form geben. Geschnittenen Sellerie, eine Karotte und eine große Zwiebel hineingeben, ebenso ein Lorbeerblatt, einen Thymianzweig, drei oder vier Gewürznelken und einige Fingerspitzen Muskatnuß. Bei starker Hitze zehn Minuten in den Ofen stellen, um das Fleisch zu bräunen – drehen dabei –, dann noch eine Viertelstunde garen lassen.

Der Curry des Augias

Curry + Kokosnuß + Zimt. Eine Mischung, so gefährlich wie das hochexplosive TNT. . .

Für zwei Personen

1 kleines Hähnchen	*Zimt*
1 Zwiebel	*Zucker*
Curry	*getrocknete Weinbeeren*
frische Kokosnuß	*Öl*

Das Hähnchen in Stücke schneiden. In einem gußeisernen Topf in ein wenig Öl mit einer in feine Scheiben geschnittenen Zwiebel anbraten. Die Milch der Kokosnuß auffangen und mit ein wenig Wasser mischen. Mit einem Teelöffel Curry, einem Teelöffel Zucker und einer Fingerspitze Zimt über das Hähnchen gießen. Eine Handvoll getrocknete Weinbeeren zugeben. Eine halbe Stunde bei schwacher Hitze garen lassen. Das Fleisch der Kokosnuß zerdrücken, zum Hähnchen geben und noch zehn Minuten garen lassen. Mit weißem Reis servieren.

Das Rind, das auf einem Finger tanzt ...

Hier sind wir wirklich weit entfernt vom gewöhnlichen gekochten Rindfleisch. Dieses exotische Rind wird Ihnen Appetit machen auf andere solche Leckerbissen ...

Für zwei Personen

600 g Rindfleisch	*Essig*
1 Avocado	*Öl*
1 Papaya	*brauner Zucker*
1 kleine Ananas	*1 Zwiebel*
1 Tomate	*Ingwer*
50 g Pilze	*weißer Rum*

Das Fleisch in kleine Stücke schneiden und mit der in Scheiben geschnittenen Zwiebel in einem gußeisernen Topf anbraten. Ein kleines Glas weißen Rum und ein kleines Glas Wasser zugießen und eine Viertelstunde sanft kochen lassen. Tomate, Pilze, Avocado, Papaya und Ananas – alles in Würfel geschnitten – und einen in ein wenig Essig gelösten Eßlöffel braunen Zucker zugeben. Mit Ingwer bestäuben und noch eine Viertelstunde sanft kochen lassen.

Desserts und andere süße Sachen
Ein Mann ist ein Mann ist ein Mann …

Cremetorte

Ich bin Jean-Baptiste an einem der Strände von Saint-Tropez begegnet.

Ich ging gerade zu meinem Hotel zurück, nachdem ich eine recht bewegte Nacht in der Villa einer Freundin verbracht hatte, und beschloß plötzlich, einen Umweg über den Strand zu machen, um ein Morgenbad zu nehmen. Ich überquerte die Straße und wollte gerade unter der Reihe schattenspendender Kiefern hindurch, die mich noch vom Sandstrand trennten, als ich unbeweglich stehenblieb. Ich hatte soeben eine Silhouette entdeckt, die aus dem Wasser stieg. Aus ist es mit dem einsamen Bad, dachte ich belustigt. Ich war ziemlich müde und hatte nicht die geringste Lust auf Gesellschaft.

Ich wollte schon umkehren und – wenn auch leicht knurrend – auf mein Bad verzichten, aber die Silhouette ging weiter den Strand hinauf, und die Neugier hielt mich zurück. Ich wollte den Kopf meines Störenfrieds sehen.

Es war ein ganz junger Mann. Wahrscheinlich nicht einmal zwanzig. Eine Haut wie weiße Seide. Den Po einer Frau. Breite Schultern. Den runden Bauch eines entzückten Kindes. Schlank, viel zu schlank. Seine langen blonden Haare fielen ihm auf die Schultern und umrahmten ein erstaunliches Gesicht. Es war von einer Perfektion, die nichts mit langweiliger Illustriertenschönheit zu tun hatte und mehr durch eine Anhäufung kleiner Fehler entstanden zu sein schien, absolut nicht die klassisch griechische Linie. Der fleischige Mund einer sinnlichen Frau. Die Nase lang und gerade. Die blauen Augen eines Kindes. Ebenso wie sein Körper schloß das Gesicht meines schönen Unbekannten die drei Elemente männlich, weiblich und kindlich ein, was ihm eine außerordentlich sinnliche Ausstrahlung verlieh.

Fasziniert, wie ich war, vergaß ich augenblicklich meine Verärgerung und beobachtete ihn, wie er näher kam. Venus, die aus den Wogen steigt, in ihrer perfektesten Nacktheit, eine morgendliche Venus aus Apollon und Eros. Plötzlich bemerkte er mich, betrachtete mich lange und lächelte dann, mich mit einer Geste auffordernd, ich solle mich ihm anschließen. Ich erwiderte sein Lächeln, dann drehte ich mich auf den Fersen um und ging in mein Hotel zurück. Ich hatte keine Lust, mir meine ungewöhnliche morgendliche Vision zerstören zu lassen. Ich wollte nichts über diesen Unbekannten wissen. Wir hatten ein Lächeln ausgetauscht, an einem frühen Morgen, an einem Strand von Saint-Tropez. Das genügte. Ich legte mich klugerweise in mein Bett und schlief ein. Dann nahm das Leben weiter seinen stürmischen Lauf, und ich vergaß dieses poetische Zwischenspiel.

Einige Zeit später befand ich mich in London, der Herausgeber von *Penthouse* hatte mich eingeladen.

Ich wohnte bei einer Freundin, der schönen und sanften Anna, die schon in New York für mich gearbeitet hatte und jetzt gerade wieder an einer Neuauflage saß. Wir verstanden uns wunderbar, und ich genoß die wenigen Augenblicke, die ich in ihrer Gesellschaft verbringen konnte. Wenn wir zusammen waren, wurden wir wieder kleine Mädchen, die über Kleider redeten, über Plüschbären und hinreißende Prinzen.

»Apropos hinreißender Prinz«, sagte Anna eines schönen Abends, »ich habe Lust, dir einen vorzustellen. Außerdem ist er erst zwanzig Jahre alt, und das ist doch das Alter, für das du eine ganz besondere Schwäche hast, soweit ich weiß.«

»Du willst mir wohl den Ruf einer Junge-Männer-mordenden-Bestie anhängen!« entrüstete ich mich und warf ihr ein Kissen an den Kopf.

»Hör auf, Xaviera! Spaß beiseite, er ist wirklich ein charmanter junger Mann. Er gibt heute abend einen kleinen Empfang. Er hat mich eingeladen, aber ich weiß nicht, ob ich hingehen soll. Diese Jet-set-Veranstaltungen sind einfach grauenvoll. Trotzdem, er hat nichts Prahlerisches an sich. Auf mich wirkt er mehr wie ein romantischer Dandy.«

»Hm. Scheint ja ein komischer Vogel zu sein. Was weißt du sonst noch über ihn?«

Anna tat so, als ob sie nach einer Brille suchte, schlug ein Buch auf, das auf ihrem Couchtisch lag, und fing mit eintöniger Stimme an zu rezitieren.

»Jean-Baptiste Croft, in Brüssel geboren, der Vater Engländer, die Mutter Bretonin. Privates Internat in der Schweiz. Betritt die internationale Szene mit achtzehn Jahren, nach dem Unfalltod seiner Eltern, die ihn als Erben eines ungeheuren Vermögens zurücklassen. Taucht bei allen Rock-Stars auf. Begeisterter Kinoliebhaber. In den vergangenen zwei Jahren zehnmal verlobt. Besitzt eine außerordentliche Sammlung von Oldtimern. Lebt seit über einem Jahr in London. Hat, nach offiziellen Quellen, etwas seltsame sexuelle Gewohnheiten. Berühmt für –«

»Das genügt!« unterbrach ich sie. »Hast du einen Untersuchungsbericht angefordert? Wir werden hingehen heute abend.«

Anna brach in Lachen aus.

»Um bei der Wahrheit zu bleiben, Jean-Baptiste ist einer meiner besten Freunde. Er ist ein wunderbarer Junge, und ich habe ihn schon angerufen und ihm gesagt, daß ich mit der berühmten Xaviera Hollander kommen werde. Er brennt darauf, dich kennenzulernen!«

»Verräterin!« fauchte ich und warf ihr auch noch die restlichen Kissen an den Kopf.

Sie flüchtete ins Schlafzimmer, und ich lief ihr unverzüglich nach.

Zwei Stunden später hüpften wir geschmückt, geschminkt und hinreißend frisiert in Annas Austin. Meine Freundin hatte ein fantastisches rotes Kleid an, das ihr wundervolles kastanienbraunes Haar voll zur Geltung brachte. Ich selbst hatte schwarzen Satin gewählt, der wie eine zweite Haut auf mir lag. Unserer selbst und unserer Ausstrahlung sicher, fuhren wir zum Tavistock Square. Anna parkte den Austin vor einem prachtvollen viktorianischen Gebäude und klingelte.

Ein zartes junges Mädchen öffnete uns. Klein, sehr schlank, mit kurzen Haaren, sie ähnelte Twiggy. Sie ließ uns in eine große Halle eintreten und führte uns zu einer zweiflügeligen Tür, die sie aufstieß; dann trat sie einen Schritt zurück, um uns vorbeizulassen.

Auf dem Plattenspieler lief Mick Jaggers *Please, allow me to introduce myself, I'm a man of wealth and taste,* und ein weißer Clown stürzte sich auf Anna, um sie zur Begrüßung zu küssen. Die beiden anderen Männer, die im Salon waren, erhoben sich, um uns in Empfang zu nehmen.

»Anna, endlich! Du hast dir ja Zeit gelassen!« rief der Clown und erdrückte Anna fast.

Meine Freundin versuchte vergeblich, sich zu befreien, und murmelte schließlich:

»Jean-Baptiste, wenn du es übers Herz bringen würdest, mich loszulassen, könnte ich dir Xaviera vorstellen.«

Er ließ sie tatsächlich los, näherte sich mir und blieb abrupt stehen. Ein sanfter Morgen fiel mir wieder ein.

Ich betrachtete Jean-Baptiste Croft. Seine Füße waren nackt, er trug eine schwarze Hose und einen Gehrock mit weißen Schößen und ein weißes Hemd über seiner bleichen, unbehaarten Brust. Seine blonden Haare fielen ihm immer noch auf die Schultern, und seine Augen schienen noch blauer als an jenem Morgen. Ich hatte keinerlei Schwierigkeit, ihn wiederzuerkennen.

Er betrachtete mich lange, dann lächelte er. Ich erwiderte sein Lächeln. Anna und die anderen beobachteten uns neugierig und verstanden nicht, was sich da abspielte.

Jean-Baptiste trat endlich ganz auf mich zu und nahm mich bei der Hand.

»Ich glaube, wir sind uns schon einmal begegnet, nicht wahr, Xaviera?«

»Ja. Man kann seinem Schicksal nicht entgehen«, meinte ich lachend. »Es stand irgendwo geschrieben, daß wir uns wiedersehen würden.«

»Warum sind Sie damals davongelaufen? Ich habe die Erinnerung an eine schwarzgekleidete Göttin bewahrt. Ich habe nie aufgehört, an Sie zu denken.«

Hm. Romantischer Dandy, hatte Anna gesagt. Offensichtlich, konstatierte ich, hatte die viktorianische Epoche ihr Gutes.

Die anderen begannen sich von ihrer Überraschung zu erholen, und Jean-Baptiste erklärte ihnen ganz einfach, wir hätten uns schon einmal bei Freunden getroffen. Dann machte er uns alle miteinander bekannt. Twiggy hieß in Wirklichkeit Nan. Dann waren da noch Chris und Tommy, zwei Musiker.

Unser Gastgeber schien geradezu wie elektrisch geladen, immer in Bewegung, strotzend vor Einfällen. Wir verbrachten einen verrückten Abend, der erst gegen Morgen endete, vor Schalen mit kochendheißem Tee und englischem Gebäck. Jean-Baptiste ließ seine Kamera nicht aus den Händen, er hatte mich die ganze

Zeit fotografiert. Jetzt ließ er allerdings meine Hand nicht mehr los.

Ich lachte über diese jugendliche Begeisterung, aber ich war doch gerührt über seine Naivität und seinen Charme. Als wir gegen Morgen wieder zu Hause waren, fragte mich Anna:

»Na? Was meinst du?«

»Hm«, machte ich. »Er ist wunderbar.«

Gegen Mittag weckte mich das Telefon.

»Hallo, Xaviera! Sei in einer Stunde fertig. Ich nehme dich mit zu den Docks, um Fotos zu machen. Einverstanden?«

Es war natürlich Jean-Baptiste.

»Aber du bist verrückt! Ich schlafe noch.«

»Natürlich bin ich verrückt. Bitte, Xaviera, sag ja«, flehte er.

»Also gut«, antwortete ich, unfähig, diesem Wirbelwind länger zu widerstehen.

Eine Stunde später war er unten vor dem Gebäude, am Steuer eines sehr alten Rolls Silver Ghost. Ein vollendetes Kunstwerk. Wir verbrachten den Nachmittag damit, in den Docks herumzuspazieren, zu lachen und uns zu unterhalten, und ich entdeckte einen ganz anderen Jean-Baptiste als den, den ich am Vorabend erlebt hatte. Sanft, zärtlich, empfindlich, entsprach er viel mehr dem Bild, das ich von ihm bewahrt hatte.

Am Abend weigerte er sich kategorisch, mich zu Anna zurückzulassen, ließ mich nicht einmal telefonieren und nahm mich mit zu sich.

»Heute abend entführe ich dich. Ich will dich für mich allein.«

Er hatte alles geplant, alles vorbereitet. Wir aßen bei ihm, dann machten wir es uns auf den Kissen im Salon gemütlich.

»Als Dessert habe ich eine Überraschung für dich aufgehoben«, vertraute er mir an und nahm mich schüchtern bei der Hand.

»Aha!« machte ich und sah ihm direkt in die Augen.

Er wurde rot. Es war wohl diese Mischung aus Sicherheit und Schüchternheit bei ihm, die mich so erregte. Ich erriet, daß er nicht recht wußte, wie er anfangen sollte, aber einmal losgelassen, würde er nicht mehr zu bremsen sein. Ich beschloß, ihn noch einige Augenblicke zappeln zu lassen. Er stand auf, legte eine andere Platte auf. Ich schlug die Beine übereinander, wobei ich meine Schenkel bis zum Beginn meines Schoßes entblößte. Ich trug keinen Slip. Der Blick von Jean-Baptiste krallte sich regelrecht in mein Fleisch. Ich tat so, als wollte ich nach meiner Tasche greifen, und benutzte die gute Gelegenheit, meine Beine erst wieder nebeneinanderzustellen und sie dann auf die natürlichste Art der Welt zu spreizen.

Den Arm des Plattenspielers noch in der Hand, stand Jean-Baptiste unbeweglich da. Seine Augen starrten auf meinen Bauch. Ich tat, als ob ich nichts bemerkte, und erhob mich. Ich näherte mich ihm.

»Welche Platte legst du denn auf?« fragte ich unschuldig, während meine eine Brust seinen Arm streifte.

Ich bückte mich unbekümmert und bot ihm dabei einen superben Blick auf meine zwei weißen Halbkugeln. Dann richtete ich mich wieder auf. Unsere Blicke kreuzten sich. Ich nahm seinen Kopf zwischen meine Hände und küßte ihn wild.

Es war wie ein Ausklinken. Seine Lippen liefen über mein Gesicht. Er streichelte meine Schultern, ließ die Träger meines Kleides heruntergleiten, bemächtigte sich meiner festen, angeschwollenen Brüste und begann wild an ihnen zu saugen. Weit entfernt von einem romantischen Dandy.

»Langsam!« keuchte ich unter Lachen. Ich versuchte mich loszumachen. »Wir haben genug Zeit.«

Aber meine Stimme war rauh und mein Schoß feucht. Mit ein wenig beschämter Miene ließ Jean-Baptiste den Arm auf den Plattenspieler fallen und warf seine langen Haare zurück.

Ich ging zu meinem Sitz zurück und fragte:

»Und diese Überraschung, von der du gesprochen hast?«

Das Gesicht des jungen Mannes erhellte sich.

»Stimmt! Komm, ich werde es dir zeigen. Du wirst sehen, es ist einfach super. Ich habe meinen Kindertraum verwirklicht!«

Er nahm mich bei der Hand und zog mich in ein Labyrinth von Gängen im Hintergrund des riesigen Hauses. Vor einer großen Mahagonitür blieben wir stehen.

»Hier ist es«, sagte er. »Aber bevor wir eintreten ...«

Er küßte mich gekonnt. Seine Lippen waren weich und warm, seine Zunge rollte sich um die meine wie eine verführerische Schlange. Ich lehnte mich an ihn und fühlte durch den feinen Stoff meines Kleides sein hartes, drängendes Glied.

Wir stießen die Tür auf, ohne uns voneinander zu lösen. Meine Verblüffung muß deutlich auf meinem Gesicht zu sehen gewesen sein, denn Jean-Baptiste erstickte fast vor Lachen. Wir befanden uns in einem Raum, der vollständig mit Kacheln in wunderbaren Blautönen ausgelegt war und dessen Boden am anderen Ende über eine sanfte Neigung in ein Schwimmbecken mündete. Da und dort, an einigen bühnenartig erhöhten Stellen, lagen blaue Polster und Kissen aus anscheinend gummiartigem Material. Man hätte glauben können, in einem türkischen Bad zu sein.

»Ja, das ist interessant ..., aber ich gestehe, daß ich nicht ganz begreife ...«

»Das hier ist mein Reich«, begann mein junger

Freund. »Weißt du, es sind bisher sehr wenige Mädchen hier gewesen. Ich nehme nur Menschen mit hierher, die es wirklich verdienen.«

»Was für eine Ehre«, warf ich ironisch hin.

»Nein, so nicht, ich meine damit, daß nur diejenigen, welche sich ihre Kinderseele bewahrt haben, das hier verstehen können. Ich finde, daß die Leute sich in ihrem Leben einfach nicht genug Spaß bereiten. Sie sind immer so ernst! Besonders wenn sie sich lieben. Ich, ich komme hierher, um zu lieben und um mich zu amüsieren. Du wirst es sehen.«

Er hob den Deckel einer Anrichte, und ich entdeckte eine fantastische Reihe von Cremetorten, Mokkatörtchen, Joghurt-Süßspeisen, Honig, Quark, Marmeladen. Ein Kindertraum. Das Wasser lief mir im Mund zusammen.

»All das ist da, um sich zu amüsieren«, erklärte Jean-Baptiste. »Schau mal!«

Er drückte auf eine Reihe von Knöpfen neben der Tür, und das Schwimmbecken füllte sich mit einer rosa Flüssigkeit.

»Das ist Grenadine. Warte, schau jetzt!«

Die rosa Flüssigkeit verschwand, statt dessen erschien eine etwas öligere von wunderbar brauner Farbe.

»Das ist Kakao!«

Ich betrachtete ihn völlig verblüfft und brach plötzlich in Lachen aus. Ich lachte so, daß mir die Tränen in die Augen stiegen.

»Aha, ich verstehe«, brachte ich hervor, als ich wieder Luft bekam. »Das hier ist Liebe *und* Dessert. Also los, ich habe Hunger bekommen.«

»Xaviera, ich bete dich an!« schrie Jean-Baptiste und warf sich auf mich.

Wir rollten engumschlungen auf das nächste Polster.

Jean-Baptiste liebkoste mich, küßte mich, kämpfte

verzweifelt mit dem Reißverschluß meines Kleides, den er nicht auf bekam. Ich half ihm, so gut ich konnte, und als ich nackt war, sagte er:

»Warte, beweg dich nicht, bleib so. Ich möchte dich anschauen. Du bist schön, Xaviera.«

Die Ausbuchtung, die ich an einer bestimmten strategischen Stelle spürte, sagte mir, daß ich nicht nur schön war. Mein junger Freund hatte sein Hemd ausgezogen, seine Hose aufgeknöpft, und sein erigierter Penis bat mich, ihm die Freiheit zu geben. Ich ergriff seine Hosen am unteren Ende und zog sie mit einem Ruck hinab. Jean-Baptiste purzelte mit einem kleinen Luftsprung nach hinten. Er hatte eine unvergleichlich zarte Haut, und seine jugendliche Schlankheit betonte noch die Größe seines Gliedes, es war zweifellos das eines Mannes. Nichts Weibliches oder Kindliches in diesem harten Organ, aus dem einige Tropfen perlten.

Etwas krampfte sich in meiner Kehle zusammen. Ich hatte keine Lust mehr zu lachen. Ich hatte Lust auf diesen ein wenig bleichen, ein wenig mageren, ein wenig zwitterhaften Jungen.

Ich griff nach einer Creme Chantilly und umstrich Jean-Baptistes Glied mit einer weißen Schicht. Dann begann ich sie mit raschen Zungenschlägen wieder abzulecken. Auch mein kleiner Clown lachte nicht mehr, und der Glanz in seinen Augen sagte mir mehr als alle Worte.

Mein Mund folgte immer noch dem weißen, cremigen Weg, lief auf den Bauch, auf die Schenkel meines Geliebten. Die Arme nach hinten gestützt, schaute er mir zu, sein Glied zitterte. Ich ließ ihn sich auf einer Seite ausstrecken, beförderte ein wenig Creme Chantilly zwischen seine Hinterbacken und leckte auch diese gierig wieder ab. Es war wunderbar. Je mehr ich leckte, desto erregter wurde ich. Mein Gesicht war voller Creme. Meine Zunge spielte immer noch zwischen seinen weißen Hinterbacken. Jean-Baptiste stöhnte. Ich ging weiter nach vorn, nahm seine harten Kugeln in den Mund, ließ sie wieder frei und glitt zu seinem Glied.

Ich betupfte es ein wenig mit der Creme, wobei ich Jean-Baptiste einen kleinen Schrei entlockte, dann verschlang ich es gierig. Jean-Baptiste knetete meine Brüste, wobei seinen Augen nicht die kleinste Kleinigkeit des Schauspiels entging, das ich ihm bot, er sah zu, wie sein Penis aus meinem Mund glitt und wieder hinein. Ich war völlig entfesselt. Ich begehrte diesen Jungen, wie ich nie einen so jungen Geliebten begehrt hatte. Ich wollte ihn genießen lassen, ich wollte, daß er explodierte.

»Aaaaaah! Xaviera, ich liebe dich!«

Sein Glied entlud sich, und ich schluckte sein Sperma bis auf den letzten Tropfen. Ein Geschmack nach Mandeln und Creme Chantilly.

Jean-Baptiste hatte sich in meine Arme geschmiegt, genoß seinen Orgasmus und küßte mich zart. Bald wurden seine Liebkosungen wieder fordernder, er bestrich meine Brüste mit Konfitüre und saugte intensiv an ihnen. Ich war wie elektrisiert. Den Kopf zwischen meinen Brustwarzen vergraben, stöhnte Jean-Baptiste vor Glück. Mit dem Glas Konfitüre in der Hand arbeitete er sich zu meinem Vlies hinunter und vergnügte sich damit, es zu schmücken. Ein wenig Honig, ein wenig Quark, eine Mandel. Er kostete. Ich konnte nicht mehr. Ich wollte, daß er mich berührte, daß er seinen Mund auf meine Klitoris drückte.

Aber Jean-Baptiste hatte keine Eile. Er verlängerte das Vergnügen, indem er meinen Bauch mit einer köstlichen Mischung bedeckte und ihn dann schließlich wieder davon »befreite«. Als seine Zunge endlich meinen kleinen Knopf fand, kam kein Laut mehr aus meiner Kehle. Ich genoß lange, ohne einen Schrei.

Jean-Baptiste lächelte und betrachtete sein stolz aufgerichtetes Glied.

»He, he, he!« machte er.

Er drehte mich sanft auf den Bauch, stellte mich auf Hände und Knie. Mein Geliebter war vielleicht jung, aber er wußte, was er wollte. Außerdem war er offensichtlich nicht ganz unerfahren. Er drang langsam in mich ein – Konfitüre gegen Creme Chantilly – und nahm mich mit so viel Wildheit wie Zärtlichkeit.

»Xaviera, du hast einen herrlichen Po«, rief er aus und nahm meine Hinterbacken fest in beide Hände.

Wir drehten uns in allen Richtungen, patschten in Konfitüre und Quark, schreiend und seufzend bei der Vereinigung, bevor wir unsere ursprüngliche Stellung wieder einnahmen. Jean-Baptiste hatte entschieden eine Schwäche für meinen Po.

Mein junger Geliebter versteifte sich plötzlich, klammerte sich an meine Brüste. Unser Genuß wurde köstlich verzuckert. Wir blieben unbeweglich so, einer gegen den anderen gepreßt, minutenlang, dann erhob sich Jean-Baptiste.

»Komm, wir wollen uns waschen«, meinte er und ließ Wasser in das Becken laufen.

Wir klebten von oben bis unten, von Konfitüre, Schweiß und Liebe. Wir setzten uns ganz oben auf den abschüssigen Teil und ließen uns Hand in Hand ins Wasser gleiten.

Wir plätscherten lange wie zwei ausgelassene Kinder herum. Mein Gefährte stieg als erster wieder hinaus, und ich blieb noch einige Minuten im Wasser und legte mich ruhig auf den Rücken.

Dann stieg auch ich hinaus, rieb mir das Wasser aus den Augen und ging auf Jean-Baptiste zu.

»Kuckuck, Xaviera«, rief er.

Ich hob die Augen zu ihm auf und bekam eine große Cremetorte voll ins Gesicht.

»Na warte, du Taugenichts, du wirst schon sehen!« schrie ich, gleichzeitig wütend und amüsiert.

Ich erwischte das größte der Mokkatörtchen, das nun in Jean-Baptistes Gesicht landete. Er lief los, um mir zu entwischen, aber ich grapschte mir einen Topf mit Quark und tauchte die Hände hinein. Jean-Baptiste hatte Zeit genug, eine Schachtel mit Sahnekäse zu erwischen. Was folgte, war die gigantischste Schneeballschlacht ohne Schneebälle aller Zeiten.

Wir waren weiß von Kopf bis Fuß, erschöpft, befriedigt und ausgelassen. Ich hielt mir die Seiten, und Jean-Baptiste rollte auf dem Boden.

»Schließen wir Frieden«, bat er.

»Einverstanden, aber wirf die Waffen weg.«

Ich stellte meinen Topf hin, und er entledigte sich seiner Schachtel. Dann kam er auf mich zu. Ich hatte noch kaum mein Gesicht gesäubert. Ich beobachtete ihn mit ein wenig Mißtrauen näher kommen. Als er einen Meter von mir entfernt war, bedachte er mich mit einem letzten kleinen Sahnekäse, den er hinter seinem Rücken versteckt gehabt hatte. Ich wich dem Geschoß aus und warf mich auf Jean-Baptiste, ihn mit mir zum Schwimmbecken ziehend.

»Betrüger!« heulte ich auf.

Plumps! Wir landeten im Wasser, engumschlungen.

Ich verbrachte drei Tage bei Jean-Baptiste, allerdings nicht in diesem Raum, seien Sie beruhigt. Wir verließen ihn gelegentlich, um uns in einem Bett zu lieben. Am dritten Tag tauchte Nan auf. Sie war wunderbar und noch übermütiger als Jean-Baptiste. Unsere Cremetortenschlachten erreichten unbeschreibliche Höhepunkte.

Schließlich rief ich Anna an, die sich über mein Verschwinden keine ernsthaften Sorgen gemacht hatte.

»Ich wußte nur nicht ganz genau, wo du abgeblieben sein könntest. Aber amüsier dich weiterhin gut«, sagte sie.

Am Morgen des vierten Tages mußten wir uns trennen. Ich mußte am selben Abend nach Holland fliegen und noch bei Anna meine Sachen holen. Jean-Baptiste wollte mich nicht gehen lassen, er stampfte mit dem Fuß auf. Schließlich entriß er mir das Versprechen, so schnell wie möglich zurückzukommen. Als es Zeit war, das große Gebäude am Tavistock Square zu verlassen, suchte ich ihn überall, um ihm auf Wiedersehen zu sagen. Er war verschwunden. Ich durchforschte alle Räume und landete schließlich in dem, den er sein Spielzimmer nannte. Auf die blauen Kacheln hatte er mit Creme Chantilly die einfachen Worte geschrieben: *Ich liebe dich.*

Ich fuhr zu Anna zurück und erzählte ihr von meinem verrückten Abenteuer. Ich war ein wenig traurig, und meine Freundin versuchte mich abzulenken. Vergeblich. Es tat mir so leid, daß ich Jean-Baptiste nicht mehr gesehen hatte. Aber nach allem war es so vielleicht besser. Abschiedsszenen habe ich noch nie gemocht.

Anna fuhr mich zum Flughafen. Ich blieb beim Zeitschriftenstand stehen, meine Augen stolperten über eine Charlie Chaplin-Titelseite. Eine übermütige Idee tauchte in meinem Gehirn auf.

»Anna, willst du etwas für mich tun?« fragte ich vorsichtig.

»Natürlich, Xaviera, schieß los.«

»Also ...«

Ich legte ihr meinen Plan auseinander. Je länger ich sprach und erklärte, desto mehr erhellte sich ihr Gesicht.

»Phantastisch! Mach dir keine Sorgen, es wird klappen.«

Am nächsten Morgen hielt ein kleiner Austin vor einem eindrucksvollen Gebäude am Tavistock Square. Ein junges Mädchen, ganz in Rot gekleidet und ein Paket in der Hand, kletterte aus dem Wagen, stieg die Stufen zum Haus empor und klingelte.

Ein bleicher junger Mann mit etwas verschlafenem Gesichtsausdruck öffnete – und bekam die Cremetorte, die das junge Mädchen in der Hand hielt, voll ins Gesicht.

Anna säuberte die Lippen von Jean-Baptiste und küßte ihn voll auf den Mund.

»Schöne Grüße von Xaviera«, sagte sie zu dem verdutzten jungen Mann, bevor sie wieder verschwand.

Soufflé der Leidenschaft

So viele Möglichkeiten es auch gibt, ein Mahl auf gelungene Art und Weise zu beenden – nichts kommt einem köstlichen Dessert gleich. Viele hören schon lieber beim Käse auf. Das ist schade, sie werden nie die Süße eines Sorbets kennenlernen, den exquisiten Geschmack von Schokolade, die im Mund zergeht, den Duft flambierter Crêpes, die Vollendetheit eines Kuchens – und die erstaunlichen Auswirkungen all dieser Köstlichkeiten auf die Libido.

Schon zu allen Zeiten standen Bonbons und andere Süßigkeiten, Gebäck und Eis stellvertretend für die Liebe. Die erotische Liebe ist nicht nur »gesalzen«, sie ist auch gezuckert. Vergessen Sie die vielleicht überzähligen Kilos, jetzt ist wirklich nicht der richtige Moment, um daran zu denken; lassen Sie sich ein bißchen gehen!

Für zwei Personen

150 g Mehl
Puderzucker
Milch
8 Eier
Butter
150 g Ingwerpulver

Das Mehl in eineinhalb Gläsern Milch verrühren. Über einem Topf durchseihen, dann ein gut nußgroßes Stück Butter und drei Eßlöffel Puderzucker unterziehen.

Bei schwacher Hitze erwärmen und umrühren, bis ein homogenes Gemisch entsteht. Vom Herd nehmen und weiter umrühren. Dann wieder aufstellen und einkochen lassen.

Wieder vom Herd nehmen. 8 Eigelb schlagen und das Ingwerpulver zugeben und unter die obige Mischung ziehen. Langsam auch die zu Schnee geschlagenen Eiweiß unterheben.

Die Masse in eine Form gießen und bei mittlerer Hitze im Ofen garen lassen. Wenn das Soufflé eine schöne Goldfarbe angenommen hat, mit Puderzucker überstreuen. Sofort stürzen.

Schlüpfrige Crêpes

Was gibt es Schöneres, als einen brennenden Crêpe zu betrachten und sich vorzustellen, selbst gleich in den Armen des Geliebten zu brennen? Sie müssen nicht auf Fasnacht warten, um diese appetitlichen Fantasiegebilde zu verzehren. Bereiten Sie *ihm* Crêpes. Er wird Ihnen zu Füßen sinken.

Für zwei Personen

150 g Mehl
Zucker
Milch
3 Eier
3 Äpfel
1 Zitrone
Zimt
Butter
Salz
Cognac
Puderzucker

Das Mehl, eine Fingerspitze Salz und einen Teelöffel Zucker in einer großen Schüssel vermengen. Unter ständigem Rühren ein Glas Milch und ein kleines Glas Wasser zufügen. Die Eier verschlagen und ebenfalls unter ständigem Rühren zugeben. Die Äpfel raspeln und unter die Masse rühren, ebenso den Saft einer Zitrone.

In einer Pfanne ein wenig Butter erwärmen und eine große Kelle voll hineingeben. Auf beiden Seiten braten. Den Vorgang wiederholen, bis die Masse aufgebraucht ist. Dann die Pfannkuchen mit einem Gemisch aus Puderzucker und Zimt überstäuben und mit Cognac flambieren.

Fiebrige Mandeln

Diese Frucht der Liebe, die aus China zu uns gekommen ist, bildet einen Bestandteil vieler Liebes- und auch Arzneitränke. Reich an Vitaminen, Proteinen, Calcium und Phosphor, ist die Mandel eine wahre Verjüngungskur. Hier das Rezept eines köstlichen Kuchens, der natürlich zu zweit gegessen werden muß:

Für zwei Personen

300 g geschälte Mandeln
8 Eier
Butter
Orangenschale
Vanilleschote
150 g Puderzucker

Die Mandeln zerstoßen und mit zwei Eiweiß anfeuchten. Die acht Eigelb verschlagen und mit den Mandeln mischen, ebenso den Puderzucker. Etwas Orangenschale und Vanilleschote hineinreiben. Wieder vermengen.

Die sechs restlichen Eiweiß zu Schnee schlagen, dann ganz behutsam unter die Mandelmasse ziehen.

Eine Form buttern, die Mandelmasse mit dem Schnee hineingeben und bei sanfter Hitze eine Stunde im Ofen garen lassen.

Cupidos Dank

Die Kombination von getrockneten und frischen Früchten liefert ganz erstaunliche Ergebnisse. Außerdem schmecken diese Kreationen köstlich. Um Sie davon zu überzeugen, wird ein Versuch genügen. Sie werden sich Cupidos Dank, aber auch den Ihres Partners einhandeln.

Für zwei Personen

3 frische Feigen
2 Birnen
2 Clementinen
grüne Weintrauben
blaue Weintrauben
1 Banane
1 Apfel
1 Pfirsich
getrocknete Weinbeeren
Haselnüsse
2 Scheiben frische Ananas
Orangenkonfitüre
Sauternes
Crème fraîche

In einer großen Schüssel Feigen, Pfirsich, Apfel, Birnen und Banane, alles in kleine Stücke geschnitten, miteinander vermengen. Eine kleine Handvoll grüne und blaue Weintrauben zugeben, die in Spalten zerlegten Clementinen, die zerkleinerte Ananas, eine kleine Handvoll getrocknete Weinbeeren und geschälte Haselnüsse. Einen Eßlöffel Orangenkonfitüre daruntermischen und mit zwei Gläsern Sauternes die Früchte begießen. Zwei Stunden ziehen lassen. Gut gekühlt servieren, Crème fraîche dazu reichen.

Der Garten von Eden

Die Birne ist die einzige Frucht, die durch ihre Form an eine Nackte von Rubens erinnert. Sie ist die sinnliche Frucht *par excellence.* Außerdem besitzt sie die besondere Eigenschaft, außerhalb ihres Baumes schneller zu reifen. Die alten Chinesen legten sie in Räume, in denen Weihrauch brannte, und das verlieh ihnen ein ganz exquisites Aroma. Also, wenn man Ihnen das nächstemal Birnen anbietet, meine Damen, sagen Sie danke schön!

Für zwei Personen

2 Birnen
1 Orange
1 Zitrone
Ingwer
Zimt
2 Gewürznelken
Zucker
Vanille
Portwein
Creme Chantilly

Nehmen Sie möglichst eingelegte Birnen. Die Früchte abtropfen lassen, den Sirup aufbewahren.

Den Sirup mit dem Saft einer Orange und einer Zitrone mischen. Ein Stück Zimt zugeben, zwei Gewürznelken, einen Eßlöffel Ingwerpulver, ein wenig Vanilleextrakt, einen Teelöffel Zucker und ein kleines Glas Portwein. Die Birnen hineinlegen und bei schwacher Hitze eine Viertelstunde erhitzen. Dann abkühlen lassen.

Eisgekühlt mit Crème Chantilly servieren.

Eros' Feigen

Man hat die Feige oft mit dem Schoß der Frau verglichen. Diese köstliche Frucht hat tatsächlich ein besonders erotisches und suggestives Aussehen. Kosten Sie Eros' Feigen. Es ist ein wollüstiges Dessert.

Für zwei Personen

4 frische Feigen
2 getrocknete Feigen
50 g weißer Reis
2 Scheiben Ananas aus der Dose
getrocknete Weinbeeren
Zimt
Mandeln
Cashewkerne
Orangenlikör
Ingwer

Den Reis in kochendem Wasser kochen lassen. Dann abtropfen und abkühlen lassen.

In einer großen Schüssel die kleingeschnittenen frischen Feigen, 2 zerkleinerte Ananasscheiben, eine Handvoll getrocknete Weinbeeren, eine Fingerspitze Zimt, eine kleine Handvoll geschälte Mandeln und Cashewkerne vermengen.

Ein kleines Glas Orangenlikör darübergießen und eine Stunde ziehen lassen.

Die Früchte unter den Reis ziehen. Den Saft der Ananas, den Sie aufgehoben haben, ein Stück eingelegten Ingwer und die in Scheiben geschnittenen getrockneten Feigen zugeben. In den Kühlschrank stellen und erst kurz vor dem Servieren wieder herausnehmen.

Bananenliebe

Die alten Römer nannten sie die Frucht des Paradieses. Die Mohammedaner waren überzeugt, daß sie die verbotene Frucht des Gartens Eden war. Tausende von Menschen haben sie dann und wann verwendet – zu mehr oder weniger erotischen Zwecken. Die Banane muß keinen Beweis mehr antreten. Sie ist kein erotisches Symbol. Sie ist die Erotik selbst.

Für zwei Personen

2 große Bananen
Rum
Zucker
Vanille
50 g Mehl
Milch
1 Ei
Öl
Zucker
Zimt
Butter
Sesamkörner
Hefe

Die Bananen schälen und längs in Hälften schneiden. In eine Schüssel ein Glas Rum gießen, einen Eßlöffel Zucker dazugeben, einen Eßlöffel Vanille und Zimt. Die Bananenhälften eine Stunde in diese Mischung legen.

Mehl, zwei Teelöffel Zucker, einen Würfel Hefe, ein kleines Glas Milch, ein verschlagenes Ei und einen Eßlöffel Rum miteinander vermischen. Die Masse ruhen lassen, bis die Bananen soweit sind.

Die Früchte in die Masse tauchen, mit Sesamkörnern bestreuen und in einem Gemisch aus Butter und Öl braten, bis sie goldgelb sind. Warm servieren.

Evas Pfirsiche

Der Pfirsich ist eine zarte Frucht, die ebenfalls aus China stammt. Die alten Chinesen verglichen seinen Saft mit den weiblichen Säften und seine Haut mit der der Schenkel ihrer Vielgeliebten. Der Pfirsich ist eine überaus weibliche Frucht. Bei den Franzosen ist es vom Pfirsich – *pêche* – nur ein kleiner Schritt zur Sünde *péché*. Bitten Sie Eva darum.

Für zwei Personen

4 Pfirsiche
1/2 Zitrone
1/2 Orange
Ingwer
Zimt
Zucker
Vanille
Cocktailkirschen
Champagner

Die Pfirsiche halbieren und die Kerne herausholen. Vier unversehrte Fruchthälften zurückbehalten, die anderen vier zerdrücken.

Diesem Pfirsichpüree eine gute Fingerspitze Zimt und Vanille zufügen, einen Eßlöffel Zucker, eine gute Fingerspitze Ingwer, den Saft einer halben Zitrone und den einer halben Orange. Alles gut miteinander vermischen.

Die vier Pfirsichhälften mit diesem Püree füllen und eine Kirsche obenaufsetzen. Mit Champagner begießen.

Früchte

Früchte haben einen großen Vorteil gegenüber anderen Desserts: Sie können direkt im oder am Schoß des Partners gegessen werden, wenn ich so sagen darf. Was gibt es Köstlicheres als Fellatio oder Cunnilingus à la Erdbeere, Banane oder Pfirsich? Sie sollten wirklich immer eine Schale mit Früchten in der Reichweite Ihres Bettes haben. Und haben Sie keine Angst, in den Apfel zu beißen!

Aaaananas ...

Hier ein leckeres, köstlich frisches Dessert, mit dem Sie Ihr Mahl auf gelungene Art und Weise abschließen können, bevor Sie zu ernsthafteren Dingen übergehen. Bitte langsam essen und dabei Ihrem Gegenüber ganz tief in die Augen schauen.

Für zwei Personen

1 kleine Ananas
100 g Himbeeren
Honig
Crème fraîche
eingelegter Ingwer

Die Ananas der Länge nach in zwei Hälften schneiden. Das Fleisch herausholen, die Schale unversehrt zurückbehalten. Das Fruchtfleisch in kleine Würfel schneiden und diese in die Schalen zurückgeben. Die Himbeeren zerdrücken und mit 4 oder 5 Eßlöffeln Crème fraîche vermischen. Einen Eßlöffel Honig zufügen und dieses Gemisch über die zwei Ananashälften gießen. Mit eingelegtem Ingwer garnieren und gut gekühlt servieren.

Papaya nach Herzenslust

Diese Frucht steckt so voller Erotik, daß die Kubaner sogar eine Scheu davor haben, ihren Namen auch nur auszusprechen. Tatsächlich ist das Wort Papaya auf Kuba ein Synonym für das weibliche Geschlecht geworden. Servieren Sie Ihrer Geliebten also eine Papaya, sie wird Ihnen eine andere dafür zurückgeben ...

Für zwei Personen

2 Papayas
Vanilleeis
Schlagsahne
Zimt

Die Papayas in Hälften schneiden und aus jeder Hälfte ein wenig Fleisch herausholen. Die Höhlung mit Vanilleeis und Sahne füllen, an die Sie ein oder zwei Fingerspitzen Zimt gegeben haben. Eisgekühlt servieren.

Und der Mond sieht zu

Die alten Chinesen betrachteten diese Frucht als Aphrodisiakum und servierten sie traditionsgemäß während des Mondfestes im Monat August. Sie müssen aber nicht so lange warten.

Für zwei Personen

2 rosa Grapefruits
1 Orange
Datteln
Haselnüsse
Vanille
1 Ei
süße Sahne
Litchis
Reiswein

Die Grapefruit- und Orangenspalten in ein wenig Reiswein legen. Eine gute Handvoll Datteln und Nüsse zugeben. Inzwischen 5 Eßlöffel Sahne mit einem Eigelb vermischen. Einige Fingerspitzen Vanilleextrakt zugeben.

Die Früchte, Datteln und Nüsse abtropfen lassen, in eine Salatschüssel geben, mit der Sahnemischung begießen und einige Litchis zufügen. Gekühlt servieren.

Mangos zu gewinnen

Der Geliebte ist gesättigt? Bereit für andere Festlichkeiten? Warten Sie den Moment ab, bis die Dinge »auf der Kippe stehen«, um diesen Hochgenuß zu servieren, der die Flammen der Hölle unter dem Honig des Paradieses verbirgt. Es ist ein echt indisches Rezept, dem ich noch einen Schuß Scotch zugegeben habe.

Und Schiwa genießt ...

Für zwei Personen

2 Mangos
2 Bananen
Vanille
4 Eiweiß
Puderzucker
Sesamkörner
1 Eßlöffel alter Whisky

Die Mangos in Hälften schneiden, die Kerne herausnehmen, mit einem Löffel aushöhlen. Das Fruchtfleisch der Mangos ebenso wie das der Bananen zerdrücken. Gründlich vermischen, so daß eine einheitliche Masse entsteht. 3 Eßlöffel Puderzucker zugeben, einige Fingerspitzen Vanilleextrakt und den Whisky. Die Eiweiß zu Schnee schlagen und vorsichtig unter das Mango-Bananengemisch ziehen. Die Mangoschalen damit füllen, mit Sesamkörnern bestreuen und eisgekühlt servieren.

Liebes- und andere Tränke
Manneskraft in der Flasche

Nicht auf die Flasche kommt es an …

Die Boeing der KLM landete auf dem Münchner Flughafen. Ich verließ die Maschine als erste, froh darüber, mir die Beine vertreten zu können.

Nachdem die Formalitäten erledigt waren, stürzte ich mich auf ein Taxi. Ich mußte zum Landhaus des Grafen von Drachs, eines langjährigen Freundes, den ich in Kanada kennengelernt hatte, und ich war bereits sehr spät dran. Das Flugzeug war mit großer Verspätung gestartet. Alles Schimpfen, mit den Füßen Aufstampfen und Protestieren war umsonst gewesen, die Crew war hart wie Marmor geblieben, und die Boeing hatte sich nicht um einen Zentimeter bewegt. Es war bereits neun Uhr abends, und man erwartete mich zum Essen!

Ich warf mich also in den Mercedes und nannte dem Fahrer den Namen des kleinen Dorfes etwa fünfzig Kilometer von München entfernt. Wir waren bald aus den Hauptverkehrszonen heraus und auf dem flachen Land. Der Fahrer war kein geschwätziger Typ, und das war mir sehr angenehm; ich war ganz schön erledigt.

Den Kopf an das Seitenfenster gelehnt, betrachtete ich das, was ich noch von der vorbeifliegenden Landschaft sehen konnte. Es war ziemlich dunkel, und der Wald zu beiden Seiten machte auch nicht gerade einen beruhigenden Eindruck. Verkrüppelte Bäume schienen ihre dürren Äste nach dem Wagen auszustrecken, wie um ihn zu ergreifen. Fehlt nur noch Dracula, dachte ich schaudernd. Brr, an dieser Stelle und in so einer Nacht möchte ich ganz bestimmt keine Panne haben. Der Vollmond warf ein fahles Licht auf die gewundene Straße und gab der ganzen Umgebung ein gespenstisches Aussehen.

Der Fahrer schien nicht viel ruhiger zu sein als ich,

denn er trat sehr plötzlich den Gashebel durch. Der Mercedes machte einen regelrechten Satz vorwärts, dann begann der Motor seltsam zu stottern. Der Mann nahm das Tempo zurück. Der Wagen hoppelte noch einige Meter, dann blieb er stehen.

»Was ist passiert?« fragte ich etwas beunruhigt.

»Na, das scheint eine schöne Bescherung zu sein«, antwortete der Fahrer. »Wir haben eine Panne.«

»Eine Panne!« Ich ließ einen Schwall von Verwünschungen los, eine heftiger als die andere, und beschimpfte den armen Mann, der ganz verdutzt schien. Eine Panne, hier, allein auf weiter Wildbahn! Und der Graf, der sich bestimmt schon lange fragte, wo ich abgeblieben war! Was sollte ich tun? Immer mit der Ruhe, Xaviera, keine Panik. Es ist fast alles eine Frage der Organisation.

Der Fahrer erklärte mir, daß wir uns ganz in der Nähe eines Gasthofes befinden mußten, daß wir nicht weit von dem Dorf entfernt waren, wo ich hinwollte, daß alles sich finden würde. Ich sah ihn zum erstenmal richtig von vorn. Er war ganz in Schwarz gekleidet. Seine dunklen Augen funkelten in der Nacht. Alles würde sich finden? Ich begann ernsthaft daran zu zweifeln.

»Vielleicht könnten wir erst einmal die Motorhaube öffnen und nachsehen, ob der Schaden zu beheben ist«, schlug ich mit ziemlich dünner Stimme vor.

Vielleicht war ich ungerecht dem guten Mann gegenüber. Nur weil er nicht aussah wie Paul Newman, würde er sich noch lange nicht auf mich werfen und mich in den Hals beißen.

Der Fahrer machte sich unter der Motorhaube des Mercedes zu schaffen. Das dauerte eine gute Viertelstunde. Dann tauchte er wieder auf, hob die Arme zum Himmel und ließ sie wieder fallen.

»Nichts zu machen. Ich finde die Ursache nicht.«

Es blieb uns nichts anderes übrig, als den Wagen stehenzulassen und zu Fuß zu dem Gasthof zu gehen. Es war kalt, und wir kamen nur mühsam voran, gegen den Wind ankämpfend, der sich erhoben hatte. Ich hätte alles darum gegeben, anderswo zu sein, in einer Ecke vor einem schönen Kaminfeuer beispielsweise. Mein Zorn war verschwunden, und ich fühlte mich nur noch kreuzunglücklich. Und dann, um ehrlich zu sein, ich hatte Angst. Meine Phantasie ging mit mir durch. Schreckliche Szenen, in denen blutdürstige Vampire sich auf verirrte arme junge Mädchen stürzten, liefen vor meinen inneren Augen ab. Mein liebes Kind, du hast zu viele Horrorfilme gesehen, sagte ich zu mir selbst, um mich zu beruhigen. Aber es nützte nicht viel.

Nach zwanzig Minuten Fußmarsch erreichten wir endlich den sagenhaften Gasthof. Ich stieß einen tiefen Seufzer der Erleichterung aus. Der Fahrer, der mir voranging und meine Reisetasche trug – wahrscheinlich war er gar kein schlechter Kerl –, öffnete die Tür und trat als erster ein. Wir kamen in einen Raum, der von zwei Petroleumlampen schwach beleuchtet wurde und in dem vier Männer saßen, die alle mehr oder weniger wie Galgenvögel aussahen. Die Ausstattung war rustikal und alles andere als üppig. In dem Moment, als wir die Tür hinter uns zumachten, brach der Regen los. Vier Augenpaare richteten sich auf uns.

Der Wirt des Gasthofes tauchte aus dem Hintergrund auf, und mein Fahrer berichtete ihm von unserem Mißgeschick. Endlich ein freundliches Gesicht. Ich fühlte mich schon fast wieder wohl.

»Das Dumme ist nur«, meinte der Wirt zu mir, »wir haben hier kein Telefon.«

»Lieber Himmel!« stöhnte ich und ließ mich auf einen Stuhl fallen. Die Verzweiflung kam schnell zurück.

»Was ist geschehen?« erklang da eine junge, sympathische Stimme.

Ein junger Mann von etwa dreißig, aber sehr jung wirkend, kam die Treppe herunter, die zu den Zimmern führte. Der Wirt des Hauses stürzte sich in großartige Erklärungen.

»Das ist nicht so schlimm! Ich muß heute abend noch zum Schloß Vogel. Es ist fünf Minuten von hier. Sie können mit mir mitkommen. Dort gibt es Telefon. Man wird Sie abholen. Kommen Sie, lassen Sie Ihr Gepäck hier. Sie können es nachher holen.«

Ein kleines listiges Lächeln erhellte sein Gesicht.

»Aber ... aber es gießt wie aus Kübeln!« stotterte ich, ein wenig verwirrt.

»Na und!«

Er ergriff einen großen schwarzen Regenschirm und reichte mir lächelnd den Arm.

Was soll's, was riskierst du schon, dachte ich. Nichts konnte schlimmer sein als die augenblickliche Situation; nicht einmal, einem Unbekannten zu folgen, in stockdunkler Nacht und an einen unbekannten Ort. Die folgenden Ereignisse sollten mir das Gegenteil beweisen.

Mein hilfsbereiter Kavalier hieß Gunther. Er machte einen sehr charmanten Eindruck und unterhielt mich den ganzen Weg über. Der Weg ging leicht bergauf, und ich hatte ziemliche Mühe mit meinen hohen Absätzen. Sprechen konnte ich nicht auch noch. Ich teilte mir meine Atemluft ein und sagte mir, daß ich mich gleich würde erholen können, ihm aus meinem Leben erzählen und wir uns sogar irgendwann vielleicht wiedersehen könnten. Er war wirklich sehr, sehr nett.

Wir gelangten bald zum Schloß, einem imposanten dunklen Gebäude, von Blitzen erhellt. Der Himmel gab noch einmal alles her, was er hatte. Trotz des Regenschirms waren wir tropfnaß und froh, uns unterstellen zu können. Wir liefen auf das große Tor zu, und Gunther ließ den Klopfer dreimal dagegenfallen.

Brr, was für ein finsterer Ort, überlegte ich und versuchte ein zuversichtliches Gesicht aufzusetzen und nicht daran zu denken, daß in jenen Filmen Draculas Schloß diesem hier ganz seltsam ähnelte.

Eine blonde junge Frau in einem langen roten Gewand öffnete uns. Sie hatte einen seltsamen Blick. Katzenaugen. Sehr grün. In dem grellen Licht der Blitze fast unerträglich. Ein dicker Klumpen bildete sich in meiner Kehle. Ich schluckte mühsam. Gunther schien jedoch völlig unbeeindruckt.

»Guten Abend, Mirna«, sagte er. »Ich habe ein verirrtes Schaf mitgebracht, das gerne telefonieren möchte.«

»Aber natürlich«, antwortete die junge Frau mit rauher Stimme. »Kommt herein.«

Wir traten in eine gigantische Halle, deren Wände mit einer Galerie von Porträts geschmückt waren. Zweifellos die Ahnen. Hm. Nicht sehr lustig, das alles.

Gunther und ich schüttelten uns wie zwei verrücktgewordene Hunde. Während ich die Nässe von mir beförderte, zog Mirna den jungen Mann beiseite und murmelte ihm irgend etwas ins Ohr. Er stieß ein kleines Lachen aus und schüttelte den Kopf. All das verriet mir nicht mehr, als daß ich vorsichtig sein sollte. Xaviera, in welches Wespennest bist du da bloß geraten. . .

Ich beschloß, mich so schnell es die Höflichkeit erlaubte auf das Telefon zu stürzen und bei der erstbesten Gelegenheit zu flüchten.

Mirna reichte mir die Hand.

»Kommen Sie, liebe ...«

»Xaviera«, sagte ich.

»Kommen Sie, liebe Xaviera. Sie müssen erst einmal trocknen. Wir haben dort hinten ein schönes Feuer. Dann können Sie telefonieren.«

Hm. Die Situation entwickelte sich ganz und gar nicht so, wie ich es wollte. Mirna führte uns durch einen großen Saal zu einer kleinen Tür, die sie aufstieß. Wir traten in ein düsteres Zimmer, das nur durch den Schein des Feuers und einige Kerzen erhellt wurde.

Vier Männer und fünf Frauen saßen auf Sofas rund um das Feuer. Sie hatten alle solch togaartige Gewänder wie Mirna an. Jeder hatte seine Farbe. Nahe beim Feuer rührte eine große, schöne Frau mit üppigen rabenschwarzen Haaren in einem großen Topf, der über dem Feuer hing.

Als wir eintraten, wandte sie den Kopf zu uns und sah Mirna an. Die beiden Frauen tauschten – zumindest für sie – vielsagende Blicke, die meinen Adrenalinspiegel ernsthaft steigen ließen. Ich begann in Panik zu geraten. Nichts schien auch nur halbwegs normal. Wer waren diese Leute? Was bedeuteten die togaähnlichen Gewänder, warum betrachteten sie mich auf diese Art und Weise? Wo war der Ausgang?

Unzählige Fragen ohne Antworten. Ich tat einen Schritt rückwärts. Gunther legte seine beiden Hände auf meine Schultern. Sanft, aber nachdrücklich. Ich drehte mich zu ihm um. Er schenkte mir ein kleines aufmunterndes Lächeln.

Die Frau in Schwarz näherte sich uns. Da sah ich, daß ihr Gesicht mit geheimnisvollen Zeichen und Zeichnungen geschmückt war, mit roter Tinte gezeichnet ... War es Tinte? Ich bemerkte auch, daß ihre Toga in Höhe der Brust abgeschnitten war und zwei schwere, wundervoll geformte Brüste freigab, mit dunklen Höfen und steil aufgerichteten Brustwarzen.

Mit einem Schlag begriff ich alles. Und ich hatte geglaubt, so etwas spiele sich nur in Büchern ab. Ich war mitten im Sabbat einer Sekte von irgendwelchen Satansanbetern gelandet. Eine schwarze Messe! Diese Leute bereiteten sich darauf vor, ihrer fürchterlichen

Gottheit alle Ehren zu erweisen, und ich war es, Xaviera, die sie opfern wollten! Panische Angst drückte mir die Kehle zu. Aber das würde ich mir nicht gefallen lassen! Ich würde bis zum Letzten verzweifelten Widerstand leisten.

Ich begann mich zu sträuben. Der Druck auf meinen Schultern verstärkte sich.

»Xaviera«, sagte Mirna jetzt, »das ist Isadora Vogel, unsere Hohepriesterin.«

»Ich warne Sie«, warf ich sehr hoheitsvoll ein, »mich werden Sie nicht herumkriegen. Ich kenne Ihre Absichten, und wenn Sie mir auch nur ein Haar auf dem Kopf krümmen, werden Sie auf Ihrem eigenen Feuer rösten.« Die Empörung erstickte mich fast. »Und Sie, lassen Sie mich gefälligst los, das ist doch wirklich albern!« fauchte ich Gunther an. »Um es gleich deutlich zu sagen, ich habe ganz und gar nicht die Absicht, für Ihre schwarze Messe als Opfer zu dienen. Sie werden sich schon etwas anderes suchen müssen.«

Und nach diesen schönen Worten hetzte ich auf die Tür zu. Aber Gunther hatte mich sehr schnell wieder eingefangen.

Deutliche Verblüffung lag auf seinem Gesicht, ebenso auf den Gesichtern der übrigen.

»Ich glaube, wir haben den Scherz ein wenig weit getrieben«, meinte Mirna.

»Ja«, stimmte Isadora zu. »Verzeihen Sie uns, Xaviera, wir sind Ihnen einige Erklärungen schuldig. Es handelt sich absolut nicht um eine schwarze Messe. Wir sind keine Satansanbeter, wir sind Anbeter der Liebe. Wir treffen uns hier regelmäßig zu unseren kleinen Orgien. In dem Gasthof dort unten hat Gunther Sie erkannt. Wir haben alle Ihre Bücher gelesen und kennen Ihr Gesicht. Gunther hat die Idee gehabt, Sie mitzubringen, ohne Sie zu warnen. Das hier ist eine ganz unschuldige Farce. Wir wollten Sie überraschen.

Auf gar keinen Fall jedoch wollten wir Ihnen Angst einjagen.«

Ich betrachtete sie einige Sekunden voller Verblüffung, dann warf ich mich in einen Sessel und brüllte vor Lachen. Die Nerven, zweifellos.

Dicke Tränen liefen mir über die Wangen. Ich konnte einfach nicht mehr aufhören. Es wirkte ansteckend auf die anderen.

»Und ich ... und ich habe wirklich geglaubt«, brachte ich zwischen zwei Lachstößen hervor, »daß Sie mich opfern wollten. Entschuldigen Sie, aber dieser Abend hat meine Nerven doch sehr strapaziert. Und dann diese Umgebung ...«

Die Atmosphäre entspannte sich beträchtlich. Alle sprachen jetzt gleichzeitig. Ich hatte geglaubt, in die Höhle des Satans gefallen zu sein, und war in den Gefilden Eros' gelandet! Ich schwor mir, ich würde nie wieder einen Horrorfilm anschauen.

Ich rief den Grafen von Drachs an, berichtete ihm von meinem Mißgeschick und beschloß, da es schon spät war, die Nacht im Schloß Vogel zu verbringen. Das war ich ihnen schuldig. Auf diese Art und Weise konnte ich mich entschuldigen. Und Gunther mißfiel mir absolut nicht mehr.

Ich kehrte zu meinen Gastgebern zurück. Beim Eintreten bemerkte ich eine leichte Veränderung der Atmosphäre. Die Frauen hatten feuerrote Wangen. Die Augen der Männer glänzten. Schau an, dachte ich.

Isadora übernahm die Vorstellung, aber ich hatte Mühe, alle Namen zu behalten. Meine Gastgeberin, die etwa vierzig sein mußte, war wirklich sehr schön, und jetzt, wo ich mich von meinem Schrecken erholt hatte, konnte ich meinen Blick nicht mehr von ihren Brüsten lösen. Gunther hatte sich umgezogen. Er trug eine goldfarbene Toga.

»Sagen Sie mir, Isadora«, bat ich, »es ist doch etwas

geschehen, während ich telefonierte. Ihre Gäste haben einen seltsamen Glanz in den Augen.«

»Sie haben gerade einen magischen Liebestrank getrunken, der mein Geheimnis ist.«

»Ah! Die Flüssigkeit in dem Kessel. Dann sind Sie vielleicht doch eine echte Hexe?«

»Vielleicht ... Wollen Sie kosten?«

»Natürlich.«

Ich wollte, daß sie mir verziehen. Und paradoxerweise hatten all diese Nervenschocks – vielleicht auch die Brüste von Isadora – bewirkt, daß ich Sex wollte.

Ich trank also das Gebräu, das mir die schöne Priesterin anbot. Es war warm und schmeckte angenehm. Ich leerte die Schale. Sehr schnell begann sich mir der Kopf zu drehen. Ich bemerkte, daß die übrigen Anwesenden die Wirkungen des aphrodisischen Elixiers schon voll spürten.

Mirna hatte ihre Toga abgeworfen und sich auf den Ehemann von Isadora gestürzt. Sie hatte einen sehr schönen Körper. Rank und schlank und fest. Ihr Mund hatte sich um den Penis des Mannes geschlossen, der zu stöhnen begann. Dieses herrliche Schauspiel hatte auf mich und die anderen eine unmittelbare Wirkung.

Ich spürte, wie mein Schoß feucht wurde. Isadora war hinter mir. Ich drehte mich zu ihr um, und wir umschlangen uns wild. Um uns herum nichts als lustvolles Seufzen und Stöhnen.

Ich vergrub meinen Kopf zwischen den Brüsten meiner Gefährtin, dann begann ich, die großen braunen Knospen zu lecken. Ich nahm die zwei festen Halbkugeln in meine Hände und massierte sie, knetete sie, streichelte sie, berührte sie bis zum Wahnsinn. Der Anblick dieser weißen Dinger über der schwarzen Toga machte mich rasend. Isadora schrie auf. Wir hatten uns auf einem der langen Sofas ausgestreckt, und ich konnte diese Brüste nicht mehr loslassen. Ich war so auf das konzentriert, was ich tat, daß ich kaum bemerkte, daß meine schöne Freundin zum Höhepunkt kam.

Plötzlich riß ich ihr die Toga herunter und beschloß, ihren Körper weiter zu erforschen. Mein Mund rutschte zu ihrem Bauch hinunter, kreiste um ihren Nabel, verharrte auf ihrem tiefschwarzen Vlies. Ich fühlte, wie Hände mich auszogen, auf meinen Hinterbacken verweilten. Ein Finger glitt in meine Vagina, und ein langer Schauer durchlief mich. Es war Mirna.

Meine zwei Freundinnen schienen ebenso erregt wie ich, und das wenigste, was man sagen kann, war: Sie zögerten nicht, es zu zeigen. Meine Zunge drang in den Schoß von Isadora ein, hin und her in der rosigen Spalte. Meine Lippen kreisten um ihre Klitoris und entlockten Isadora kleine erstickte Schreie. Mirna begann mich zu lecken, und Zuckungen liefen über meinen Bauch. Ich war auf dem Weg zum Orgasmus.

Die große Priesterin zog das Hinterteil ihrer jungen Gefährtin zu sich heran und begann zu saugen. Wir waren wie eine gut geölte Maschinerie. Unsere Zungen unterbrachen ihr Spiel nur bei einem Orgasmus, für einen Kuß, eine Liebkosung. Diese zwei weiblichen Körper waren nach den Emotionen dieses Abends regelrechter Balsam für mich.

Wir blieben lange Stunden zusammen. Ich merkte nicht, wie die Zeit verging. Die anderen Paare fanden und trennten sich wieder, aber Isadora, Mirna und ich schienen fest miteinander verwachsen.

Es war schon fast Morgen, als Gunther sich unserer Gruppe näherte. Meine beiden Gefährtinnen waren völlig erschöpft an mich gelehnt eingeschlafen.

»Xaviera«, begann er mit tiefer Stimme. »Schon den ganzen Abend möchte ich dich haben. Aber bei euch lief es so perfekt, daß ich euch nicht stören wollte.«

Ich stieß ein kleines ersticktes Lachen aus. Sein Penis, der sich trotz der langen Nacht, die er hinter sich hatte, stolz aufrecht hielt, verriet mir mehr als alle Worte, wie sehr er mich begehrte.

»Dann komm«, sagte ich und zog ihn zu mir herunter.

Mirna und Isadora rückten ohne aufzuwachen ein Stück zur Seite, um uns Platz zu machen. Gunther drang sehr zart in mich ein und nahm mich ganz einfach, ohne irgendwelche Akrobatik, aber mit sehr viel Zärtlichkeit. Wir waren beide sehr müde, und ich glaube, nur Isadoras Liebestrank verhalf uns zu einem wenn auch ruhigen, so doch wollüstigen Orgasmus.

Unser kleiner Pas de deux hatte schließlich meine Gefährtinnen aufgeweckt; sie schmiegten sich an uns, mit kleinen lustvollen Seufzern. Gunther küßte mich, legte seinen Kopf in die Wölbung meiner Schulter und flüsterte:

»Jetzt, wo ich meinen Traum verwirklicht habe, kann ich ja getrost zusammenklappen!«

Und er schlief auf der Stelle ein.

Ich lachte ganz allein. Ich mußte wieder daran denken, wie dieser Abend begonnen hatte – und da mußte ich noch mehr lachen –, und wie er nun zu Ende ging. Ich würde Isadoras Schoß und ihren Liebestrank nicht vergessen.

Ich habe den Umweg nie bedauert.

Liebes- und Arzneitränke

Liebes- und Arzneitränke, Elixiere und andere Tropfen – es gibt unzählige »magische« Getränke mit anregenden Wirkungen. Zu allen Zeiten hat man versucht, Liebe und Manneskraft in Flaschen zu bannen. Diese diversen Zubereitungen werden Sie sicherlich nicht der ewigen Liebe von Raquel Welch oder Ursula Andress versichern, selbst wenn es Ihnen gelingen sollte, sie ihnen einzuverleiben, aber sie wärmen Herzen und Körper, wecken Leidenschaft und alle Sinne, stärken die kostbarsten männlichen Muskeln, geben den Schüchternen ihre Persönlichkeit zurück und erschüttern ein wenig die eifrigsten Verfechter ehelicher Treue. Also, auf an die Kessel!

Ein rosaroter Hauch

Hier das Rezept von Marcel Dantremets Cocktail. Es ist, glaube ich, überflüssig, seine Tugenden zu rühmen, Sie kennen sie. Aber Sie sollten wissen, daß dieses perfekte Aphrodisiakum außerdem ein köstliches Getränk ist, das Sie jederzeit servieren können. Die Überraschung wird für Ihre Gäste um so größer sein, besonders wenn es sich um den Mann Ihres Lebens handelt, der zum erstenmal mit seiner würdevollen Ehefrau zu Ihnen zum Essen kommt. Die Bestandteile dieser Mischung genügen für eine ganze Tugendliga.

Für zwei Personen

1 l Branntwein
2 Stangen Zimt
30 g Ginseng
5 oder 6 Stück bittere Orangenschale
2 TL Gelee royale
Cognac
rosé Champagner

Zimt, Ginseng und bittere Orangenschale drei Wochen lang in einem Liter hellen Branntwein liegen lassen. Filtern und aufheben. Im Augenblick des Servierens in jedes Glas einen Teelöffel Gelee royale geben, 1 cl Cognac, 3 cl aromatisierter Branntwein und 6 cl rosé Champagner.

Langsam und mit Überzeugung trinken.

Gottesfeuer

Dieses Explosivgetränk stammt aus Abessinien. Seine stimulierenden Eigenschaften sind Eingeweihten wohl bekannt, die es vor oder nach der Liebe trinken. Ein ausgezeichnetes Stärkungsmittel, eine wahre Gottesgabe für einen erschöpften Penis.

Für zwei Personen

2 Gläser roter Portwein
8 Tropfen Curaçao
4 Stück Zucker
2 Scheiben Zitrone
8 Gewürznelken
2 Prisen geriebene Muskatnuß

In eine Tasse den Portwein und den Curaçao gießen. Den Zucker zugeben. Dann die Tasse mit Wasser auffüllen, das Ganze in einen Topf gießen und bei lebhafter Hitze erwärmen, bis die Mischung siedet.

Dann in einer Tasse servieren, in die Sie eine mit vier Gewürznelken gespickte Scheibe Zitrone gegeben haben. Mit etwas geriebener Muskatnuß überstäuben.

Liebes(an)stoß

Für die Schüchternen, die Zurückhaltenden, die Zauderer und Anfänger ein fabelhafter Cocktail, der ihnen einen nachhaltigen Schubs versetzen wird.

Maraschino
Eigelb
Benedictine
Champagner

In jedes Glas einen Eßlöffel Maraschino geben, dann ein Eigelb, einen Teelöffel Benedictine und schließlich mit Champagner auffüllen. Das Eigelb unversehrt lassen. Mit einem Zug trinken, das Eigelb ganz schlucken.

Geronimos Elixier

Ein indianisches Elixier, das auf bleiche Wangen wieder Farbe zaubert. Geronimo soll ein ausgezeichneter Liebhaber gewesen sein. Vielleicht hat er diese Köstlichkeit regelmäßig getrunken.

Fenchelsamen
Hopfensamen
bittere Orangenschale
Zitronenschale
Honig

Bei schwacher Hitze die Schale einer bitteren Orange und die einer Zitrone, in feine Streifen geschnitten, in einem Liter Wasser eine halbe Stunde kochen lassen. Eine Handvoll Hopfen- und Fenchelsamen zerdrücken und zugeben und noch zehn Minuten kochen lassen. Zwei Eßlöffel Honig zufügen, dann eine Nacht stehen lassen. Ihr Elixier ist fertig. Dreimal täglich ein kleines Glas davon trinken.

Tonikum der Ekstase

Wenn Sie dieses Tonikum dem Mann Ihres Lebens regelmäßig verabreichen, meine Damen, werden Sie herrlich lange schlaflose Nächte verbringen!

Honig	*Maismehl*
getrocknete Weinbeeren	*Zitrone*
Hafermehl	*Zimt*

Einen halben Liter Wasser kochen lassen, dem Sie drei Eßlöffel Hafermehl, drei Eßlöffel Maismehl und eine Handvoll getrocknete Weinbeeren zugegeben haben. Nach dem Aufkochen bei sanfter Hitze eine halbe Stunde kochen lassen. Abkühlen lassen, durchfiltern, den Saft einer Zitrone zugeben, etwas Honig, etwas Zimt. Jeden Abend vor dem Schlafengehen einnehmen!

Sesam, öffne dich!

Bekämpft Müdigkeit, kleine Zwischenfälle »unterwegs« und andere Schwächeanfälle. Macht fit für die sexbesessenste Gespielin. Höchste Potenz garantiert!

1 Liter trockener Weißwein
Zimt
Ginseng
Rhabarber
Vanilleschoten
Ambrafarbstoff
Honig

30 Gramm Zimt, 20 Gramm Ginseng, 20 Gramm Rhabarber und 20 Gramm Vanilleschote eine Woche lang in einen Liter Weißwein einlegen. Täglich umrühren.

Nach einer Woche filtern, zwei Eßlöffel Honig und 5 Gramm Ambrafarbstoff zusetzen.

Ein kleines Glas vor jeder Liebes-Hochleistung.

Satansblut

Sie werden vielleicht nicht das von Satan zu sehen bekommen, aber ich verspreche Ihnen, daß Sie Ihr eigenes dafür um so mehr spüren. Sie werden ganz einfach entfesselt sein!

1 Liter (Regen-)Wasser	*Honig*
100 g Datteln	*Anis*
30 g Lakritze	*2 Eigelb*
Sesamkörner	

Die Datteln in kleine Stücke schneiden. Mit der Lakritze, 30 Gramm Sesamkörnern und 30 Gramm Anis in einen Liter Wasser geben. Bei mäßiger Hitze eine halbe Stunde kochen lassen. Abkühlen lassen. Die beiden Eigelb zufügen. Eine halbe Stunde stehen lassen, filtern und 50 Gramm Honig zugeben.

Einen Eßlöffel dieser Mischung vor verlängerten Abenden.

Zarter Rausch

Eine kleine Kur mit diesem Rausch, und Sie werden sich selbst nicht mehr erkennen! Die Älteren werden um zehn Jahre jünger, die Jungen um zehn Jahre älter – an Erfahrung, nicht an Falten.

(Regen-)Wasser	*Ingwer*
Stechwinde	*Enzian*

In einen Liter (Regen-)Wasser 30 Gramm Stechwindenwurzel, 30 Gramm Ingwerwurzel, 30 Gramm Enzianwurzel geben und zum Kochen bringen. Bei sanfter Hitze eine halbe Stunde kochen lassen. Filtern. Fertig.

Eine Woche lang morgens und abends einnehmen. Am Ende der Kur werden Sie wie neugeboren sein!

Cointreau-Zauber

Stunde der Zärtlichkeit. Eine alte Sinatraplatte murmelt im Raum, die Vorhänge sind zugezogen, das Licht abgeschirmt. Was wird geschehen?

Servieren Sie auf dem Kanapee.

Wenn Sie keines haben: auf dem Sofa.

Für zwei Personen

Cointreau	*Ingwer*
Calvados	*zerstoßenes Eis*
Orangen	*Branntwein*

In ein großes Glas zerstoßenes Eis geben. Dann 1 cl Cointreau, 2 cl Calvados, den Saft einer Orange und 1 cl Branntwein, in dem Sie einige Ingwerwurzeln eine Woche lang eingelegt haben.

Punsch Pilatus

Sich nicht wie Pilatus die Hände in Unschuld darin waschen!

Für zwei Personen

Passionsfrüchte
grüne Zitrone
Zuckerrohrsirup
Rum

In jedes Glas auf 1 cl Sirup 2 cl Passionsfruchtsaft, 1 cl grünen Zitronensaft und 4 cl Rum geben, das Ganze auf zerstoßenem Eis.

Moujiks Trank

Was? Sie behaupten, daß dieses Gebräu keinerlei Wirkung bei Ihnen hat? Daß Sie nicht diese seltsame Wärme in Ihren Lenden spüren? Daß Sie nicht die Lust überkommt, sich auf das geliebte Wesen zu stürzen?

Na, den Wodka möchte ich sehen …

Für zwei Personen

dunkles Bier
Wodka
Pfefferkörner

In ein großes Glas 2 cl Wodka geben, einige Pfefferkörner und mit dunklem – möglichst skandinavischem – Bier auffüllen.

Feigenelixier

Ein hochwirksamer Liebestrank, der alles in ein rosa Licht taucht. Wenn dieses Feuerwasser durch die Kehle Ihrer Liebsten läuft, wird sie zu jedem Pas de deux bereit sein.

1/2 l Branntwein
Feigen
getrocknete Weinbeeren
Orange
Honig

Drei Feigen und eine Handvoll getrocknete Weinbeeren eine Woche lang in einen halben Liter Branntwein einlegen. Filtern und sehr kühl servieren, mit dem Saft einer halben Orange und einem Teelöffel Honig.

Ewige Liebe

Als vollendeten Abschluß hier eine Variation des berühmten Liebestranks von Tristan und Isolde, der diese beiden jede Moral vergessen ließ. Glücklicherweise sind die jungen Leute heute viel ernsthafter, und ich bin überzeugt, daß sie sich hüten werden, es mit diesem Trank zu versuchen. Halt! Warten Sie! Nehmen Sie sich wenigstens die Zeit, diese Seite zu Ende zu lesen, bevor Sie zu Ihren Töpfen stürzen.

12 Krebse	Court-bouillon:
2 Flaschen Burgunder	*Pfeffer, Kümmel*
150 g frische Trüffeln	*Anis*
10 Hoden von weißen Hähnen	*Thymian, Lorbeer*
frische Alrauneblüten	*roter Piment*
Champagner	*Sellerie*

Die Trüffeln in feine Scheiben schneiden und drei Tage lang in den Wein einlegen. Die Court-bouillon bereiten, indem alle obigen Zutaten in einen Liter Wasser gegeben werden. In die kochende Flüssigkeit die Krebse werfen und zwanzig Minuten kochen lassen. Wenn sie soweit sind, die Krebse aus den Schalen lösen, das Fleisch zerdrücken. Die Bouillon filtern, die Würzzutaten unter das Krebsfleisch mischen. Die so erhaltene Masse 12 Stunden ins Wasserbad geben.

Die Hoden kleinhacken und vier Stunden in ein Glas Champagner einlegen. Das Ganze zu der Krebsfleischmasse geben. Vermengen, filtern und zu den Trüffeln und dem Burgunder geben. 24 Stunden in einem luftdicht abgeschlossenen Behälter stehen lassen. Noch einmal filtern, in den Behälter zurückgeben und einen kleinen Strauß frische Alrauneblüten hineingeben. Zwei Stunden stehen lassen. In eine Flasche abfüllen und dem geliebten Wesen zu trinken geben. Eine umwerfende, endgültige Verführung.

Und zum Schluß …

Bevor ich Sie Ihrem weiteren Liebesschicksal überlasse, werde ich Ihnen das Geheimnis des allerletzten, unfehlbarsten Aphrodisiakums enthüllen. Es ist kein magischer Liebestrank und kein verfeinertes Rezept. Es erfordert keinerlei Vorbereitung, keinen Zauberspruch, aber es wirkt immer: Wenn Sie geliebt werden wollen, lieben Sie …